충절과 애민, 장서로
일가를 이룬,

안동 임연재 배상의 종가

기획 경상북도 · 경북대학교 영남문화연구원 | **지은이** 배현숙

경북의 종가문화 연구진

연구책임자	정우락(경북대 국어국문학과)
공동연구원	황위주(경북대 한문학과)
	조재모(경북대 건축학부)
종가선정위원장	황위주(경북대 한문학과)
종가선정위원	이수환(영남대 역사학과)
	홍원식(계명대 철학윤리학과)
	정명섭(경북대 건축학부)
	배영동(안동대 민속학과)
	이세동(경북대 중어중문학과)
종가연구팀	김위경(영남문화연구원 연구원)
	이재현(영남문화연구원 연구원)
	최은주(영남문화연구원 연구원)
	황명환(영남문화연구원 연구보조원)
	전설련(영남문화연구원 연구보조원)

축·간·사

경상북도에서 『**경북의 종가문화**』 **시리즈** 발간사업을 시작한 지 벌써 11년째가 되었습니다. 본 사업은 더 늦기 전에 지역의 종가문화를 기록으로 남겨 후세에 전해야 한다는 절박함에서 비롯되었고, 그간 많은 분들의 노고에 힘입어 어느새 61권의 책자가 발간되는 데 이르렀습니다. 이러한 결실은 우리 지역의 문화자산으로 자리 잡아 가고 있어, 300만 도민의 한 사람으로서 무척 보람되게 생각합니다.

경북은 예로부터 수많은 명현거유名賢巨儒가 배출되었고, 그분들이 이룩한 전통문화가 집적되어 온 중심입니다. 특히 이러한 전통문화의 중심에는 바로 경북의 종가宗家가 있습니다. 종가는 수백 년에 걸쳐 지역 사회의 구심점이자 전통문화의 상징으로 자리 잡아 그 역할을 묵묵히 수행해 왔습니다. 우리 도는 많은 수의 종가가 고유의 문화를 오늘날까지 온전히 지켜 오고 있기에, 우리나라 종가문화의 보고寶庫라고 해도 과언이 아닙니다.

하지만 최근 급변하는 사회와 종손·종부의 고령화 등으로 인해 종가문화는 점차 훼손·소멸되고 있는 실정입니다. 이에 경상북도에서는 종가문화를 보존·활용하는 한편, 발전적으로 계승하기 위해 2009년부터 '**종가문화 명품화 사업**'을 추진해 오고 있습니다. 체계적인 학술조사 및 연구를 통해 관련 인프라를 구축하고, 명품 브랜드화하는 등 향후 발전 가능성을 모색하기 위해 다방면으로 노력하고 있습니다.

경북대학교 영남문화연구원을 통해 2010년부터 추진하고 있는 『경북의 종가문화』 시리즈 발간도 이러한 사업의 일환입니다. 도내 종가를 대상으로 현재까지 『경북의 종가문화』 시리즈 61권을 발간하게 되었으며, 결과물은 관계 문중은 물론 일반인들로부터도 큰 호응을 얻고 있습니다. 이들 시리즈는 종가의 입지 조건과 형성 과정, 역사, 종가의 의례 및 생활문화, 건축문화, 종손과 종부의 일상과 가풍의 전승 등을 토대로 하여 일반인들이 쉽고 재미있게 읽을 수 있는 교양서 형태의 책자 및 영상물(DVD)로 제작되었습니다. 철저한 현장조사를 바탕으로 하여 관련 분야 전문가들이 집필함으로써 내용을 알차게 꾸미는 한편, 개별 종가의 특징을 부각시키고자 노력하였습니다.

이러한 노력으로, 금년에는 『**성주 문절공 김용초 종가**』, 『**예천 별동 윤상 종가**』, 『**안동 임연재 배삼익 종가**』, 『**칠곡 석담 이윤우 종가**』, 『**안동 간재 변중일 종가**』, 『**의성 천사 김종덕 종가**』 등 6곳의 종가를 대상으로 시리즈 6권을 발간하게 되었습니다. 이 시리즈의 발간은 앞으로도 계속되어 도내 100개 종가를 목표로 연차적으로 추진해 나갈 계획입니다. 이러한 시도는 종가 관련 자료의 축적을 통해 종가문화

보존 및 활용을 위한 기초자료를 제공함은 물론, 일반인들에게 우리 전통문화의 소중함과 우수성을 알리는 데 크게 도움이 될 것입니다.

최근 유교적 가치와 전통문화에 대한 재조명이 활발히 이루어지고 있습니다. 그 바탕에는 오늘날까지 전통문화를 올곧이 지켜 온 종문의 숨은 저력이 있었음을 기억하며, 우리 도에 내재한 전통문화를 계승해 나가야 할 것입니다. 이를 통해 경북의 정체성 확립은 물론, 미래 지향적인 새로운 정신을 찾아 세계적 정신문화로의 발전으로까지 이어질 수 있을 것이라 확신합니다.

앞으로 경상북도에서는 현재 잊혀 가는 종가문화에 대한 국가 차원의 컨트롤 타워 건립 유치를 위해 힘쓸 것입니다. 아울러 종가문화에 대한 지속적인 조사·연구 추진과 더불어, 종가의 보존관리 및 활용 방안을 모색하는 데 적극 노력해 나갈 것을 약속드립니다. 이를 통해 전통문화를 소중히 지켜 오신 종손·종부님들의 자긍심을 고취시키고, 나아가 전국의 종가를 연계하는 종가문화 네트워크 구축과 더불어 종가문화를 세계적인 명품브랜드로 육성해 나갈 계획입니다.

끝으로 이 사업을 위해 애쓰신 이영호 경북대학교 영남문화연구원장님과 연구 책임자이신 정우락 교수님을 비롯한 여러 연구원분들, 그리고 집필자분들의 노고에 진심으로 감사드립니다. 아울러 각별한 관심을 갖고 적극적으로 협조해 주신 종손·종부님께도 감사의 말씀을 드립니다.

2020년 3월

경상북도지사 이 철 우

지·은·이·의 말

지금껏 고향과 집안에 대해 별다른 관심을 가지지 않고 살아왔다. 이 책을 집필하기 전까지는 흥해배씨 교수공파의 후손이란 정도만 알고 있었고, 종택 방문도 송천으로 이전한 직후 아버지를 따라 화수회에 한 번 참석한 것이 전부였다. 가문의 역사를 거의 알지 못하고 관심도 없이 살았던 셈이다. 그런데 지난 봄 어느 날 영남문화연구원에서 걸려 온 전화에 별생각 없이 종가에 대한 책자를 집필하겠다고 수락한 후 잘못된 선택이었다는 것을 깨닫는 데는 그리 오랜 시간이 걸리지 않았다. 필자가 종가의 역사를 개략하게 된 것은 지금까지의 무심함에 대한 벌이 아닌가 하는 생각도 든다.

임연재종가의 600여 년 역사를 정리하는 일을 맡은 후, 비천한 재주로서 능력이 미치지 않는데, 대중을 상대로 한 쉬운 글쓰기에는 젬병인 처지에 선뜻 한다고 승락했으니 무모하기 짝이 없는 일이었다. 앞부분을 집필하면서부터 문장력이 없는 사람이 끝까지 써 내려갈 수 있을까 의문이 들지 않을 수 없었다. 거기에다가 본고는 10년 동안 이어지는 경북의 종가에 대한 총서 발간사업의 일환으로 저작되는 관계로 원고 집필에 있어 정해진 구성 원칙과 범례가 있어서 그 틀을 벗어나지 않아야 한다는 것도 부담이 되었다.

시조로부터 근래까지 일별하면서 종가의 대표부호가 무엇인가 고심하게 되었다. 그리하여 낙남해서 안동에 정착해, 선초부터 조선 전기까지 성리학의 기반을 조성하고 문풍을 진작해 온 가문의 역사에 주목하게 되었다. 그 결과, 흥해배씨 안동 입향조 백죽당의 고려에 대한 충절, 불천위 임연재의 목민관으로서의 삶과 장서에 방점을 두고 '충절과 애민, 장서로 일가를 이룬, 안동 임연재 배삼익 종가'라고 서명을 정하였다. 그리고 내용은 임연재종가에 대한 역사로, 모두 7장으로 구성하였다.

제1장은 '충절을 지켜 낙남하다'라고 정하고, 흥해배씨의 세계 및 형성 과정과 역사 및 인물에 대한 전체적인 소개를 위주로 하였다. 즉 임연재종가의 개요, 백죽당 이전의 약사, 백죽당 배상지가 고려에 대한 충절을 지키기 위해 낙남한 일, 도목촌에 복거한 일, 이어 현재의 송천으로 종택을 옮기기까지 600년을 이어 온 간략한 역사를 짚어 보았다.

제2장에서는 불천위 임연재 배삼익의 일생을 그렸다. 행장, 묘지명, 신도비명 및 당시 교류한 인물들의 평가를 바탕으로 임연재의 삶, 학문, 관료 생활, 목민관 생활, 지조 등을 집중적으로 조명하였다. 젊어서 퇴계 문하에서 학문한 일, 사환하여 안당과 송사련 가문의 송사를 해결한 일, 명나라의 사서에 조선 태조의 가계가 잘못 기록된 것을 수정하는 일인 종계변무의 원고를 입수해 온 일, 이와 같은 공로가 있었으나 공신에 책록되지 못해 자손은 물론 여론도 안타까워하여 상소한 일과 불천위로 추존된 일에 대해 수록하였다.

제3장에서는 조선시대부터 장서가로 이름난 임연재와 그 후손들이 수집한 서적에 대해 조명하였다. 일제 강점기부터 종가의 장서와 문서에 눈독을 들이는 사람들로 인해 손을 탔던 까닭에, 현재는 장서와 문서가 산지사방으로 분산되어 있다. 그러나 다행하게 종가에 임연재가 주체가 되어 작성했을 것으로 추정되는『책치부』와 후손 월봉이 작성한『외암비장』이 전래되고 있다. 이 두 서목을 토대로 수장하고 있던 서적, 장서량, 서적의 입수 방법, 관리 방법을 가늠할 수 있었다. 또한 수장하고 있던 서적에는 임연재와 아들 금역당의 장서인이 날인되어 있기 때문에, 각급 도서관에 수장되어 있는 종가의 서적을 추적하여 그 장서의 수준도 알 수 있었다. 또한 종가에서는 장서를 영남의 사대부에게 빌려주기도 한바, 영남 지역 문고의 역할을 한 것도 살펴보았다. 아울러 종가에 전래되어 온 비장의 유묵과 유품에 대해서도 살펴보았다.

제4장에서는 백죽당의 정신을 이어 가문을 빛낸 후손을 조명하였다. 문향을 계승해 후학 양성과 학문에 침잠한 후손으로 금역당 배용길과 괴담 배상열에 대해 조명하였다. 충절의 정신을 계승한 후손으로는 임란의병에 헌신한 금역당 배용길과 의사공 배인길을 다루었고, 독립운동에 공헌한 후손 수십 명에 대해 요약하고, 최근의 백저 배동환까지 다루었다.

제5장에서는 종가의 의례를 다루었다. 주로 임연재가 불천위가 되고 종가의 반열에 오른 사정을 살펴보았다. 종가에서 봉행하고 있는 임연재 불천위 제례의 절차를 살펴보면서 급격하게 변하고 있는 현대사회에 맞추어 종가의 의례도 변하고 있음을 확인하였다. 절차에 있어 다른 종가와 크게 다르지 않지만, 임연재종가에서만 볼 수 있는 부

분에 주목하였다. 아울러 종가에 유전되어 온 음식에 대해서도 살펴보았다.

제6장에서는 조선 전기 반가주택의 자취를 간직한 종택을 살펴보았다. 증참판공 배천석이 1558년(명종 13) 임하현 도목리로 이주해 건축한 초창기 종택과 18세기에 수해를 당한 후 개축한 종택의 변화를 살펴보았다. 이는 「금역당구가도」가 전래되기 때문에 가능한 일이었다. 「금역당구가도」를 통해 창건 시의 종택에서는 조선 전기의 주자학적 관점에서 건축된 특징을 볼 수 있고, 이건한 종택에서는 조선 후기의 특징이 있음도 살펴보았다. 이로써 현재의 종택에서 볼 수 있는 조선 초기 건축의 특징에 대해서도 조명하였다.

제7장에서는 종손과 종부의 삶을 들여다보았다. 건물은 사람이 살면 더 손상될 것 같은데, 실상은 사람이 오랫동안 살지 않으면 오히려 퇴락해 버린다. 여기서는 종택과 종가를 지키기 위한 종손의 노력을 조명하였다. 아울러 송천동으로 종택을 이건한 21대 종손과 현 종손의 삶과 생각을 들여다보면서, 가풍 계승을 위해 노력하는 종손의 모습을 그렸다.

독자들에게 있어 장서를 다룬 제3장은 재미없는 부분일 수 있다. 하지만 제3장은 필자가 가장 공력을 들이고 알리고자 한 부분이다. 세간에 임연재가 장서가라고만 알려져 있었지, 어떤 서적을 어떻게 입수하고 관리했는지는 처음으로 밝히는 부분이기 때문이다. 이 글을 집필하는 과정에서 필자는 큰 수확 하나를 올렸다. 그것은 『외암비장』이라는 영조 연간에 작성된 서목을 발견한 것이다. 2, 3년 전에 『책치부』를 입수해서 분석하던 중이었는데, 종가의 서목을 또 하나 발견한 것이다. 이 글을 쓰면서 동시에 두 서목을 분석해 반영할 수 있었다.

애초부터 종가에 대해 잘 알고 저작도 있으며 또 문장력이 뛰어난 분이 집필하였더라면 더욱 훌륭한 책이 되었을 것이라는 뒤늦은 후회를 하였다. 6개월 만에 익숙하지 않은 주제의 논문 네댓 편을 집필한 기분이다. 그만큼 부대끼면서 쓴 것이다. 후손이 집필하여 혹 미화하거나 과장할 수 있겠다 싶어 객관성을 유지하고 필자의 의견은 되도록 배제하기 위해, 참고한 문헌은 각주를 첨가하면서 집필하였다가 원고를 제출할 때 삭제하였다.

종가의 역사를 올바로 정리하지 못한 측면도 있을 수 있고, 또 부지불식간에 객관적이지 못한 표현을 했을 수도 있다. 이에 부끄럽고 죄송스러운 마음을 느끼지 않을 수 없다. 책 내용 가운데 문제가 있는 부분을 지적해 주시면 감사한 마음으로 받아들이고, 기회가 되면 수정할 것을 약속한다.

바쁜 가운데도 원고 집필에 조언을 아끼지 않은 배찬일 종손, 배영동 교수님, 배종찬 선생님께도 감사의 말씀을 전하고 싶다. 끝으로 집필 과정에 협조를 아끼지 않은 경북대학교 영남문화연구원 종가연구팀에 감사한 마음을 표하고자 한다. 남에게 내놓기 부끄러운 원고임에도 불구하고 가독성 있게 구성하고, 원고를 돋보이게 편집해 준 경북대학교출판부 편집진께도 감사 인사를 전한다.

2020년 3월

배현숙 삼가 쓰다

목 차

제 1 장

충절을 지켜 낙남落南하다

충절을 지켜
낙남落南하다

1 충절과 애민, 장서지가 임연재종택

안동 시내에서 동쪽으로 안동대학교를 향해 가다가 선어대를 거쳐 안동향교 앞 대로를 지나면 곧 송천초등학교 입구에 이른다. 대로변 송천초등학교 입구에는 '백죽고택 작은도서관'과 '흥해배씨임연재종택(백죽고택)'이란 작은 안내판이 보인다. 이 안내판을 따라가면 충절과 애민, 장서로 일가를 이룬 임연재종택에 이르게 된다. 안동의 남쪽에 우뚝 솟은 갈라산 정상인 문필봉에서 북쪽으로 멀리 마주한 산 중턱에 종택이 있다.

임연재종택은 경북 안동시 향교1길 51, 지번으로는 송천동 1017번지에 있다. 이 종택은 여러 이름으로 불리고 있다. 임연재 종손이 저술한 책『배려와 예의 공간, 종택』에 그 명칭에 대한 설

1973년 이전의 도목촌(임연재종가 제공)

명이 있다. 먼저 흥해배씨 안동 입향조이며 고려를 향한 불사이군의 충신 백죽당柏竹堂 배상지裵尙志의 종통을 잇고 있다고 해서 백죽고택이라 한다. 그리고 퇴계의 제자이며 문과에 급제하여 황해도관찰사를 지낸 목민관 임연재臨淵齋 배삼익裵三益을 불천위로 모시고 있다고 해서 임연재종택이라고도 한다. 다른 하나는 금역당琴易堂이다. 이는 문과에 급제하여 충청도도사를 지내고 임진왜란 때 의병으로 참여한 임연재의 아들 배용길裵龍吉의 당호인데,

배용길 이후에도 종가의 당호로 사용해 온 것이다.

종택이 수몰로 인해 안동 송천동으로 이전하기 전에는 도목촌桃木村에 있었는데, 『영가지永嘉誌』에 따르면 도목촌은 안동대도호부安東大都護府에서 35리, 임하현의 북쪽 35리에 있었다. 이곳은 황지에서 발원한 낙동강이 도도하게 수백 리를 내달아 도목촌으로 들어와, 북으로 꺾어 동쪽으로 흐르다가 다시 남쪽으로 꺾어 동남쪽으로 흐르다가, 드디어 동쪽으로 꺾어 남으로 나가는 곳이다. 산은 영해의 일월산에서 뻗어 내려 높다랗게 서쪽으로 달려 백여 리 와서 도목촌의 동편에서 멈추었다. 이곳은 안동부 서쪽의 금계촌에서 살던 증참판공 배천석裵天錫이 산명수수山明水秀하니 살 만하다고 여겨 이거한 곳이다. 바로 북쪽의 산은 일출봉日出峯(속명은 월각봉月角峯)인데, 봉우리 한 기슭에 낮게 뻗은 석벽이 있었으니 검암儉巖이다. 그 절벽은 높이가 100여 자로, 남쪽으로 가로질러 가다가 동남쪽으로 나가는데 그 경관이 아름다웠다.

물가를 벗어난 평지에 집을 지어 앞으로 물이 흐르고, 집 뒤로는 높은 산이 있는 곳을 찾아 집을 지었으니, 가히 명당이라 할 만하였다. 증참판공이 1558년(명종 13)에 종택을 건립하였고, 낙동강 동편에 산을 등지고, 맑은 강을 앞에 둔 평평한 바위 위에 임연재가 정자를 지어 임연臨淵이라 하였다.

이처럼 종택은 수려한 산세와 굽이돌아 흐르는 낙동강이 만든 풍광이 빼어난 비경에 자리 잡았다. 산천이 아름답고 그윽하여 마치 무릉도원武陵桃源처럼 아름다운 곳이라 하여 도목桃木 또

도목 시절 종택(임연재종가 제공)

는 도목촌桃木村이라 하였다. 임연재가 퇴계 선생의 문인으로 문장과 글씨가 뛰어나고 벼슬이 황해도관찰사에 이르렀기에, 그 고향 선배인 백담栢潭 구봉령具鳳齡이 마을의 이름을 '도맥道脈'으로 부르기를 권했으나, 공이 과분하다고 하여 '도목桃木'으로 정하였다는 이야기도 전한다.

도목리는 구한말 행정구역상 안동군 임북면에 속해 있었으나, 1914년 행정구역 폐합에 따라 신기리와 동후면의 구미동과 신기동의 일부를 병합하여 도목동이 되었다가, 1934년 행정구역 변경에 따라 월곡면에 편입되었다. 1973년 안동댐 건설로 말미암아 도목촌의 일부가 수몰되고, 나머지 일부는 1974년 월곡면이 폐지됨에 따라 예안면에 편입되었다. 1973년 종택을 안동으로 이건한 후 도목의 종택 근방은 수국水國으로 변했고, 임연대 정상부 200여 평만 남아 섬이 되어 버렸다. 임연대 정상의 땅은 종손의 소유로 남아 있는데, 1985년에 세운 임연재배선생유적비臨淵齋裵先生遺蹟碑가 옛 종택의 영역이었음을 증명하면서 물속 도목촌을 굽어보고 있다.

2 고려 충절의 후예로서 일가를 이루다

1) 백죽당이 있기까지

배씨裵氏는 신라 금산가리촌金山加利村의 촌장 지타공祗沱公에 연원을 두고 있으며, 고려의 개국공신인 배현경裵玄慶을 중시조로 한다. 배씨는 신라 6성 가운데 하나인데, 2천여 년의 유장한 역사에서 신라 천 년은 본관이 없던 시대였다. 고려시대에는 성씨와 관련된 자료가 전승되지 못해 고증할 자료가 없는 형편이다.

고려 말기 또는 조선시대에 이르러 각 문중은 향촌사회의 발전에 따라 본관별로 가승家乘을 편찬하여 시조를 모시게 되었다. 흥해배씨興海裵氏는 흥해군에 이르러 확인할 수 있는 자료를 토대로 세계를 정하였다. 고려 검교장군 배경분裵景分을 일세조一世祖로 하고, 그 뒤를 이은 위위승동정尉衛承同正 배광우裵光祐, 위위승동정尉衛承同正 배약경裵若卿, 보승별장保勝別將 배유손裵裕孫, 전리판서典理判書 배영지裵榮至를 지나, 배전裵詮이 일등좌명공신에 책록되고 흥해군興海君에 봉해진 후 흥해를 본관으로 삼게 되었다.

관향인 흥해는 경북 포항시에 속한 곳으로 신라의 퇴화군退火郡인데, 경덕왕 때 의창군義昌郡으로 개명되었고, 고려 초에 흥해로 고쳐, 현종 때 경주에 속했다가 1172년(명종 2) 감무監務를 두었다. 공민왕 때 지주사知州事로 승격되어 조선시대까지 지속되었다. 1914년 영일군에 병합되면서 일부 지방은 1973년 이후 의창읍으로 칭해졌으나, 1983년 흥해읍으로 개칭되었다. 1995년 지자체 통합으로 포항시와 영일군이 통합되면서 현재는 포항시 북구 흥해읍이 되었다.

배씨 성의 득성조는 신라의 모체인 6부 촌장 가운데 금산가리촌金山加利村의 촌장村長 지타공이다. 금산은 현 백율사栢栗寺 북쪽에 있는 산이라고 한다. 서라벌 6부 촌장들은 모두 하늘에서 강림한 신인으로 기록된 바 있다. 지타공을 비롯한 6부 촌장들은 박혁거세를 왕으로 추대하였다고 한다.

한나라 선제 지절 원년(기원전 69) 6부 촌장이 알천閼川에서 모임을 하고 있었는데, 양산陽山 기슭에 있는 나정蘿井 숲에 번개와 같은 이상한 기운이 드리운 곳에 흰 말이 엎드려 절하고 있었다. 가서 보니 커다란 알이 있어 깨트리니 모습이 단정하고 아름다운 소년이 나왔고, 이 소년을 길렀더니 우뚝하게 자랐다. 한나라 선제 오봉 1년(기원전 57) 6부 촌장들은 하늘이 보낸 사람이라 여겨 왕으로 추대하니, 신라 태조 '밝은누리[朴赫居世]'라고 한다. 혁거세 3년(기원전 55) 6부 공신의 위차를 정했는데, 지타공은 개국좌명일등원훈開國佐命一等元勳이 되었다. 3대 유리왕 9년(32)에는 6부의 명칭을 한자식으로 바꾸고 촌장에게 성을 내렸다. 금산가리촌은 한지부漢祇部로 고쳐졌고, 성은 배裵가 사성賜姓되었다. 그때 함께 성을 받은 이李씨, 최崔씨, 정鄭씨, 손孫씨, 설薛씨와 함께 배씨는 우리나라에서 가장 오랜 성씨의 하나가 되었다.

배씨가문에서는 고려가 개창될 때에도 '개국공신'을 내었다. 고려의 배현경裵玄慶은 통일왕조 고려를 개국한 원훈이었다. 그는 담력과 용맹과 지모가 뛰어나 졸병에서 몸을 일으켜 장군에까지 이르렀다. 배현경의 원래 이름은 백옥삼白玉衫이었다고 한다. 처음 궁예를 섬겼으나 궁예가 흉포해지면서 폭정을 일삼자, 홍유洪儒(弘術)·신숭겸申崇謙(能山)·복지겸卜知謙(沙瑰)·유금필庾黔弼과 함께 궁예를 추방하고, 군공이 많고 인망이 높았던 왕건王建을 추대하여 고려를 개국해 후삼국의 난세를 평정한 명장이었다.

고려가 도읍을 철원에서 개성으로 옮길 때는 개주도체찰사開州都體察使가 되어 새로운 수도를 건설하였고, 벼슬은 대상행이조상서大相行吏曹尙書 겸 순군부령도통병마대장徇軍部令都統兵馬大將에 이르렀다. 공신 위차에서 개국정사일등원훈開國定社一等元勳에 오르고, 사후 무열武烈의 시호가 내려졌다. 994년(성종 13) 5공신은

태사太師로 추증되고, 995년(성종 14) 태조의 묘정에 배향되었다. 이어 평산 태백산성에 사당을 세우고 철로 형상을 만들어 세웠으며, 개국삼한대광태사일등공신開國三韓大匡太師一等功臣이 추존되었다. 조선 문종 연간에도 경기도 마전麻田의 숭의전崇義殿에 배향되었다.

세월이 지남에 따라 후손이 번창해지자, 세거지와 조상의 작호爵號를 근거로 달성達城·분성盆城·성주星州·흥해興海 등으로 분관分貫되었다. 그러나 배씨는 분관되었어도 지타공祗沱公을 도시조로 하고, 무열공武烈公 배현경裵玄慶을 중시조로 하는 세계는 같이하고 있다.

2) 600여 년을 이어 오기까지

(1) 백죽당의 낙남

배씨들은 본관을 어디에 두었느냐에 따라 한자로 裵 또는 裴를 쓰고 있다. 흥해배씨는 현재 裵로 쓰고 있다. 그러나 조선 중기까지는 裴를 썼었다. 임연재 배삼익은 물론 금역당 배용길 재세 시까지는 裴를 쓴 것으로 보인다. 그러나 효종 연간을 지나면서 裵 자가 나타나기 시작해 영조와 정조 연간을 지나면서 두 글자가 혼용되다가 裵 자로 통일된 것이다. 이 책에서는 인명에 성으로는 裵를 쓰되 인용된 문장에서는 원문 그대로 裴를 쓰기로 한다.

조선이 건국되었을 때 입조하지 않고 고려에 대한 충절을 지킨 두문동 72현 중 한 명인 백죽당柏竹堂 배상지裵尚志(1351–1413)는 안동 서후西後 금계리錦溪里, 속칭 검제에 들어와 마을을 개척하였다. 개성에 살던 백죽당은 안동으로 내려와 서후 금계리의 용암龍巖 근처에 터를 잡고, 고려에 대한 지조를 지킨다는 뜻으로 집 주변에 잣나무(측백나무)와 대나무를 심고 살면서 호를 백죽당이라 하였다. 조선조에서 수차례에 걸쳐 벼슬을 내리고 불렀으나, 그는 끝까지 절의를 지켰다. 이후 백죽당의 후손은 금계리에 세거하였는데, 시간이 흐르면서 인척관계인 경주이씨·안동권씨·진주하씨·원주변씨도 금계리에 들어와 살게 된다.

1669년(현종 10) 후손 배두창裵斗昌 등이 편찬한 『곡강배씨세보曲江裵氏世譜』에 따르면, 고려 때 검교장군을 지낸 배전裵詮(1311–1361)이 1345년(충목왕 1) 흥해군興海君에 봉해진 후, 후손들이 기록을 찾을 수 있는 5대조 배경분裵景分을 시조로 하고 흥해를 본관으로 하기 시작하였다. 이후 〈표 1〉과 같이 그 후손인 위위승衛尉丞 배광우裵光祐, 위위승衛尉丞 배약경裵若卿, 별장別將 배유손裵裕孫, 전리판서典理判書 배영지裵榮至, 군부판서軍簿判書 배전裵詮에 이르렀다. 배전은 충혜왕 때 호군을 거쳐 군부판서軍簿判書로 조적曹頔의 난을 진압하는 데 공을 세워 익대좌명공신翊戴佐命功臣에 책록되고, 흥해군興海君에 봉해졌다.

흥해군 배전의 셋째 아들 백죽당 배상지는 1351년(충정왕 3) 현재의 경기도 파주에서 태어났다. 아버지 흥해군은 안동 일직현에 살던 정평공靖平公 손홍량孫洪亮의 사위였으므로 안동에 자주 출입하였다. 백죽당은 외조부가 정평공 손홍량이며, 장인이 문정공文靖公 권희정權希正이고, 처남은 문경공文景公 독수와獨樹窩 권진權軫이었다. 권진은 세종 연간 영의정이 황희黃喜이고, 우의정이 맹사성孟思誠일 때 좌의정을 지낸 인물이다. 권희정의 장녀는 백죽당과, 차녀는 퇴계의 고조부인 이운후李云候와, 삼녀는 보백당 김계행金係行의 조부인 김혁金革과 혼인하였다. 따라서 백죽당이 낙향할 때는 안동을 중심으로 한 탄탄한 기반이 있었다.

흥해군 배전은 배상도裵尚度, 배상경裵尚絅, 배상지裵尚志, 배상공裵尚恭 네 아들을 두었다. 흥해군의 아들들은 모두 고려 말 대표적인 성리학자였던 목은牧隱 이색李穡에게서 글을 배웠다. 맏이 배상도는 보문각직제학寶文閣直提學을 지냈으며, 정국이 혼란해지자 치사致仕하고 두문불출하였다. 조선에서 누차 벼슬을 내리고자 하였으나 나아가지 않았다. 둘째 배상경은 문과에 급제했다. 셋째 배상지는 음사로 판사복시사判司僕寺事(정3품)에 이르렀으나, 고려의 국운이 기울자 벼슬을 단념하고 두문동杜門洞에 은거하다 안동으로 낙남했다. 넷째 배상공도 문과에 급제하여 공조전서工曹典書를 지냈으나, 조선 건국을 개탄하고 친구 류종혜柳從惠를 따라 하회촌에 정착하였다. 그 아들 이조정랑 배소裵素는 좌의정 권진權軫의 사위가 되었다. 백죽당의 부인은 권희정權希正의 따님인데, 권진과는 남매간이었으므로 백죽당의 처질이 질부가 된 다소 특이한 경우이다.

표 1 흥해배씨 백죽당 선계

1세	景分(검교장군)
2세	光祐(위위승동정)
3세	若卿(위위승동정)
4세	裕孫(보승별장. 배위 임진김씨)
5세	榮至(전리판서. 배위 충주지씨)
6세	詮(첨의평리, 좌명공신, 흥해군. 배위 일직손씨)
7세	尙度 尙絅 尙志 尙恭

*尙志(1351–1413): 안동 입향조
(백죽당, 판사복시사. 배위 안동권씨)

조선이 건국될 즈음인 어느 날, 중서랑中書郎이 고사를 인용하여 뜰에서 백죽당의 무릎을 꿇리려 하자, 백죽당은 즉시 관모를 벗어 던지고 집으로 돌아갔다고 한다. 정국이 혼란하여 머지않아 큰 변혁이 있을 것을 깨닫고 사직한 뒤, 부조현不朝峴에서 동지를 만난 후 양립陽笠을 쓰고 배록동排祿洞으로 들어갔다. 이후 백죽당은 안동 서후 금계리 용암 근처에 터를 잡고 살면서 고려에 대한 충절을 끝까지 지켰다.

금계촌에 대해서는 1608년(선조 41)에 편찬된 안동의 인문지리지 『영가지永嘉誌』에 관련 기록이 있다. 그 기록에 따르면 원래 금지촌金地村이었는데, 속칭 금음지今音知라고도 한다. 안동대도호부安東大都護府의 서쪽 20리에 있다. 예부터 '천년 동안 쇠락하지 않고 번성할 땅[千年不敗之地]'이라 했다. 여기에 사복정 배상지가 백죽당을 짓고 살았다. 후에 용재慵齋 이종준李宗準과 판서 권예權輗도 금계촌에서 태어났고, 후에 학봉 김성일이 임하에서 와서 살았다. 여염집이 가득하고 한 줄기 냇물이 중간을 가로지르고 집은 연이어 있는데, 70 넘은 늙은이가 많이 살아서 노인촌이라 불린다고 하였다.

금계촌에 이주한 백죽당은 금오산金烏山에 은거하는 야은冶隱 길재吉再와 교유하였다. 백죽당은 화평을 지키고자 노력하면서 순후하고 삼가는 것을 교훈으로 하였고, 자제들에게는 과정을 중시할 것을 훈계하였다. 뜻을 이은 자세들이 학문에 힘써서 문아文雅로 세상에 이름이 남아 '배문裵文'이라는 말이 회자되었다. 그의 묘소는 경북 안동시 와룡면 서지리 사곡寺谷에 있다. 묘비에는 '고려판사복시사백죽당배선생지묘高麗判司僕寺事柏竹堂裵先生之墓'라고 쓰여 있다.

『영가지永嘉誌』에는 백죽당의 시가 천여 편 있었다는 기록이 있고, 구봉령具鳳齡도 『백담선생문집栢潭先生文集』에서 문집 1책이 있었다고 했으나 전하지 않는다. 다만 『백죽당선생실기柏竹堂先生實紀』에 시 몇 편이 전하고 있을 뿐이다. 이보李簠가 쓴 「유사遺事」에 백죽당에 대한 사가四佳 서거정徐居正의 시와 서애 류성룡의 글이 인용되어 있다. 서거정은 "출처는 분명하여 전현과 같이 고매

하고, 천 수나 되는 시편은 몇 대나 전했던고. 백죽은 이미 시들고 풍치는 오래되었건만, 풍류와 높은 운치는 아직도 옛날과 같구나.[分明出處邁前賢 千首詩篇世幾傳 栢竹已枯雲物老 風流高致尚森然]"라고 하였다. 또 류성룡도 "고매한 절의와 원대한 식견이 있었다.[有高節遠識]", "서릿발같이 맑고 옥같이 고결하여, 위태로운 시대를 만나 은거하였다.[霜淸玉潔 高蹈時危]", "선생이 야은冶隱 길재吉再와 더불어 도의로 사귀고, 고려가 망함에 모두 절의로 항거하며 벼슬에 나아가지 않았으며, 또 창수唱酬한 많은 작품이 『야은집冶隱集』 중에 보이는구나."라고 하였다. 길재의 『야은집冶隱集』에서는 「차영가배상지次永嘉裴尚志」란 시를 볼 수 있다. 이를 보면 그는 높은 절개와 원대한 식견이 있었고, 많은 양의 시가 있었던 것으로 추정되지만 다 전래되지 못하였다.

고려 말 충절을 지킨 충신을 말해 흔히 두문동 충신이라 하는데, 백죽당은 그 '두문동 72현'의 명단에 올라 있다. '두문동 72현'이라는 용어는 조선 후기에 와서야 확립되었으므로 72현에 대해서 여러 가지 설이 있다. '두문동 72현'은 이성계의 조선 건국에 반대하여, 개성 남동쪽 개풍군 광덕면 광덕산 기슭에 있는 부조현不朝峴에서 조복朝服을 벗어 던지고 끝까지 조선에 출사하지 않은 고려의 충신 72인을 말한다. 이때 은거한 사람들이 사회와 단절하고 은거하였으므로 그곳을 두문동杜門洞이라 하였다. 1751년(영조 27) 9월 영조는 두문동에 "고려충신부조현高麗忠臣不朝峴"이라 써 주고, 제사를 지내도록 명하였다. 또 시를 지어 "전조인 고려 충신의 명성이 지금도 남아 있으니, 특별히 그 동네에 비를 세워 그 절개를 표창한다.[勝國忠臣今焉在 特竪其洞表其節]"라고 써 주고 비를 세우도록 명하였다. 이 비가 황해북도 개풍군 연릉리에 있는 두문동비杜門洞碑이다.

두문동 72현으로 고정시킨 최초의 문헌은 1872년(고종 9)에 간행된 『기우집騎牛集』 임신본壬申本이다. 이는 두문동 72현의 한 사람인 기우자騎牛子 이행李荇의 후손이 편찬한 문집이다. 백죽당은 이 책의 권2 「두문동칠십이현록杜門洞七十二賢錄」에 수록되어 있다. 한편 강효석姜斅錫이 1924년 간행한 『전고대방典故大方』의 「인물지人物誌」에서 두문동 72현을 새롭게 지칭했는데, 여기에도 백죽당은 수록되었다. 『기우집』과 『전고대방』의 명단에는 겹치는 인물이 30명이고, 다르게 선정된 인물이 42명이나 되어 큰 차이가 있다. 그 이유는 『기우집騎牛集』은 정몽주를 중심으로 고려말 충신들을 포괄적으로 선정했고, 『전고대방典故大方』은 두문동에 들어갔던 시기를 중심으로 좁혀 뽑았기 때문이다. 백죽당은 두 서적에 다 수록되었으므로 겹치는 인물 30명 중의 한 사람인 것이다.

한편 1994년에 설립된 사단법인 고려역사선양회에서는 고려와 조선의 각종 역사서와 각 가문의 족보와 문집 등에서 72현을 고증하여 가장 공통된 인물만을 선별하였다. 이어 2007년 8월 30일 경기도 파주에 고려통일대전 충신각을 지어 72현을 봉안했다. 그 가운데 판사복시사 백죽당의 배향 위치는 고려통일대전

'동東·수水149'이다.

백죽당은 안동으로 이주하기 이전에 혼맥으로 이미 안동 지역에 기반이 구축되어 있었다. 외가와 처가의 기반이 있었는데, 두문동 72현의 한 사람인 상촌桑村 김자수金自粹와는 이종사촌 간이었다. 또 앞서 언급한 것과 같이 진성이씨 안동 입향조인 송안군松安君 이자수李子脩의 차남 이운후李云候, 안동김씨 소산素山마을 입향조 김삼근金三近의 아버지 김혁金革과는 동서지간이다. 백죽당과 아우 배상공의 안동 이주로 안동에는 커다란 변화가 일어났다. 그때까지 안동에는 주자학의 분위기가 무르익지 않았었는데, 목은 이색의 학문을 전수받은 백죽당이 안동에 이주함으로써 주자학을 안동에 뿌리내리게 하는 데 큰 영향을 미친 것이다.

백죽당은 안동에 정착한 후 영양남씨 남부량南富良과 함께 향사당鄕射堂 건립에 크게 기여한 것으로 파악되고 있다. 백죽당의 성리학적 지향과 식견은 한편으로는 안동 사회에 성리학을 진흥시키고 신진사류의 사회적 교류를 활성화하기에 이르렀다. 향촌 자치기구인 향사당을 설립한 것이 그 예이다. 고려 말기부터 유향소는 왕권의 대행자인 수령과 협조하면서 자율적으로 운영되었다. 점차 유향소가 수령과 대립하면서 중앙집권화에 역행하는 경향이 드러나자 세조는 유향소를 혁파하였고, 대개 1488년(성종 19)경 복설된 것으로 알려지고 있다. 유향소가 혁파된 시기에 향사당은 유향소留鄕所의 중요한 임무인 향사례와 향음주례를 실

2019년 우향계 향사에서 초헌하는 종손(임연재종가 제공)

행하는 공간이었고, 향리鄕吏를 규찰하고 향풍鄕風을 바로잡기 위한 향촌사회의 자치기구였다. 다른 지역은 성종 연간에 향사당이 건립된 데 비해 안동에는 무척 이른 1439년(세종 21) 이전에 향사당이 건립되었는데, 이는 백죽당 자제들의 성리학적 배경 때문이라고 이태진李泰鎭은 보고 있다.

백죽당의 네 아들 중 셋이 문과에 급제하였다. 장남 배권裵權은 음사로 관계에 나아가 사헌부지평과 이조좌랑을 지냈고, 차남 배환裵桓은 문과에 급제해 예문관직제학·삼도관찰사(황해·

충청·전라)·판진주목사를 지냈고, 삼남 배남裵楠은 문과에 급제해 사헌부감찰과 이조정랑을 지냈으며, 사남 배강裵杠도 문과에 급제하여 성균관직학과 이조정랑을 지냈다. 차남 배환과 사남 배강은 정몽주鄭夢周의 문인인 조용趙庸의 대표적인 제자이다. 조용은 진보인으로, 조선의 건국과 동시에 예천으로 유배되자 배환, 배강, 윤상尹祥, 조말생趙末生 등이 그에게 와서 수학하였다. 윤상은 1396년(태조 5) 문과에 급제하여 성균관대사성과 예문관제학을 역임하였고, 조말생은 함길도관찰사를 역임했다.

또한 백죽당의 후손들은 1478년(성종 9)에 우향계友鄕稧를 결성하는 데 주도적으로 참여하였다. 우향계는 안동의 안동권씨, 영양남씨, 안강노씨, 흥해배씨, 고성이씨 등 5개 성씨의 연만하고 덕망 있는 13인이 결성한 계로서, 지금까지 지속되는 한국에서 가장 오래된 친목계이다. 또한 향리약속鄕里約束이라 하여 덕업상권, 과실상규, 예속상교, 환난상휼을 덕목으로 정하고 실천하였다. 왼쪽 사진은 2019년 우향계 향사 시의 모습이다.

당시 우향계에 참여한 후손은 백죽당의 손자와 증손자들로서, 목사 배환의 아들 전 현감 배효건裵孝騫, 부사직 배남의 아들 전 통찬 배효눌裵孝訥, 집의 배효숭裵孝崇의 아들 부위 배주裵裯, 녹사 배효장裵孝長의 아들 전 훈도 배정裵禎이다. 정진영에 따르면, 우향계를 구성하는 데 주도적인 역할을 한 좌의정 이원李原의 아들 전 현감 이증李增, 그리고 사정 권거약權居約의 아들 전 사용 권자겸權自謙, 부사정 권개權玠의 아들 별시위 권숙형權叔衡, 유학 남형귀南亨貴의 아들 전 부사 남경인南敬仁 등은 세조의 왕위 등극을 찬탈로 규정한 인물들이다. 부사 남우량南佑良의 아들 전 사정 남치공南致恭은 세조정란공신으로 서훈되었으나 훈록을 받지 않았고, 다른 벼슬에 제수되었으나 부임하지 않았다.

이러한 사실에 근거하여 정진영은 세조의 왕위 찬탈에 불만을 가진 낙향한 관료들이 재지사족과 함께 우향계를 조직하여 유향소 혁파에 대응하였다는 것이다. 즉, 우향계는 단순히 친목 도모를 위한 계가 아니라, 세조의 등극에 불만을 가진 안동 출신 사족들의 향촌 자치활동 조직이었다. 이들은 세조의 등극과 함께 대거 낙향하여 유향소를 중심으로 활동하다가, 세조 말에 유향소가 혁파되자 우향계를 조직하여 향촌 자치활동을 지속적으로 주도하였다고 평가할 수 있다.

백죽당으로부터 9세 배효장裴孝長 때까지 3대를 금계에서 살았고, 10세 소위장군昭威將軍 부사직 배임裴袵이 봉화정씨와 혼인하면서 금계에서 풍기 미가암리米家巖里(현 영주시 안정면 신전동 향산)로 옮겨 살았다. 풍기 미가암리에서 내성현 유록(봉화읍 호평虎坪)으로 옮긴 것은 함창김씨와 혼인한 11세 배이순裴以純 때였다. 그는 진사였고 통례원좌통례가 증직되었다. 13세 배천석裴天錫에 이르러 1554년(명종 9) 봉화에서 다시 금계로 이거했다가 1558년(명종 13) 임하현 도목촌으로 다시 이주하였고, 도목에서 후손들이 400여 년을 살았다. 퇴계 선생 이전에는 큰 인물이 배출되지 않았던 안동에서, 백죽당의 가계는 조선 중기까지 명문가로서 자리매김하

백죽당 묘전비(임연재종가 제공)

고 있었다.

백죽당의 묘소는 고려 태조와 견훤이 전투했던 병산甁山전투지를 굽어보고 있는 와룡면 서지리 가수내[嘉水川]에 있다. 배영동은 백죽당이 죽어서도 고려의 유신임을 잊지 않고자 하는 뜻으로 그곳에 묘터를 잡았다고 보고 있다. 1414년(태종 14) 세운 묘 앞의 비석은 망국유신의 처지라 사적은 적지 말라고 하여 관직과 가족관계만 간결하게 적은 소박한 형태이다. 이 묘비는 왕릉의 비석과 불교 선사의 비석을 제외하고, 영남에서 가장 오래된 비석으로 인정되고 있다.

조선시대 유학자 비문의 첫머리는 '유명조선有明朝鮮'으로 시작하는 것이 일반적이다. 그러나 백죽당의 비에는 '조선朝鮮'이란 문구 없이 곧장 명의 연호인 '영락永樂'으로 시작된다. 고려의 유신으로서 사생일관하고자 하는 백죽당의 의지를 나타낸 것으로 보인다.

네 아들은 백죽당 사후 무덤 옆에 여막살이를 하면서 아버지를 기리는 마음에 효사암孝思庵을 지었다. 효사암은 묘소 아래 재사齋舍와 함께 남아 있으며, 후손들이 매년 음력 10월에 전례奠禮하다가 최근에는 양력 10월 9일에 전례하고 있다. 아들 배환裴桓이 예문관직제학·황해도관찰사·첨지중추원사·공조참의·전라도관찰사·충청도관찰사 등을 역임했으므로, 아들로 인해 병조참판에 추증되었다.

1648년(인조 26) 사림에서 안동 서후면 금계리 사천沙川 옆 언덕 위에 경광정사鏡光精舍를 짓고, 사당을 세워 백죽당 배상지와 백죽당의 외증손인 용재慵齋 이종준李宗準(1458?-1499) 두 선생의 위패를 봉안하였다. 1649년(인조 27)에는 춘파리사春坡里社를 건립해 용재와 경당敬堂 장흥효張興孝(1564-1633)를 제향하였다. 백죽당 사후 200여 년이 지난 1686년(숙종 12) 사림에서 상소하여 경광정사가 경광서원鏡光書院으로 사액되자, 경당의 위패도 서원으로 옮겨 세 선생을 함께 제향하였다. 이후 경광서원은 대원군의 서

경광서원(영남문화연구원 제공) ▲

2019년 4월 경광서원 향사의 한 장면 ▼

원철폐령으로 훼철되었다. 이를 1978년 복설해서 매년 3월과 9월 중정에 제향해 오다가, 2018년부터는 젊은 제관들의 참석을 유도하기 위해 매년 양력 4월 셋째 주 일요일에 제향하고 있다.

경광서원으로 승격시키고자 유림을 대표해 경옥景玉 이보李簠가 써서 올린 소장에는 백죽당에 대해 다음과 같이 적혀 있다.

> 배상지는 고려가 망할 조짐을 보이자 벼슬을 버리고 안동 금계에 은거하여 백죽당이라 자호하며, 야은冶隱 길재吉再와 나란히 불사이군의 절의를 지켰으니, 태종이 길재를 증직했던 고사처럼 배상지에 대해서도 추증이 이루어져야 합니다. 또 이종준은 김종직金宗直의 문인으로, 문장과 절의가 뛰어나 당시의 명현명유들과 도의지교를 맺었고 시서화 삼절이라고 칭송되었는데, 김일손金馹孫 등과 무오사화(1498)에 연루되어 죽임을 당하였습니다. 중종반정 이후 제현들의 관작은 복구되고 추증이 이루어졌지만, 이종준만은 성은이 미치지 못하였습니다. 이들의 충정과 절의를 기리고자 50년 전에 향중에서 경광정사를 세운바, 이번 기회에 사액을 통해 사림의 기풍을 수립하고 원통과 울분을 해소시킴이 바람직하므로, 추증을 통해 그의 충정과 절의를 포양함이 마땅합니다. 또 장흥효는 이들과 한 마을에서 생장한 인물로, 김성일과 류성룡의 문하에서 심학의 요체를 터득하고 역학에 힘을 쏟아 후세의 사표가 되기에 충분하니, 두 분을 모신 사당에 모시고 그 유풍을 현양시켜야 할 것입니다. 삼현의 관작 추증과 사액을 통해서 오래도록 답답해하던 선비들의 마음을 위로할 수 있음과 동시에, 나아가서는 국가에서 유학을 숭상하는 도를 드러낼 수 있을 것입니다.

1690년(숙종 16) 사림의 상소로 정사는 경광서원鏡光書院으로 승격되었고, 백죽당은 병조판서로 증직되었다.

(2) 무릉도원, 도목에 터를 잡다

백죽당의 6대손 증참판공 배천석裵天錫(1511-1573)이 도목으로 이주하면서, 이후 자손들이 도목에 정주하게 된다. 배천석은 배이순裵以純의 아들인 배헌裵獻과 금성박씨錦城朴氏 충의위 박자朴磁의 따님 사이의 장자로 1511년(중종 6)에 태어났다. 배천석의 자는 경수景受이고, 배위는 영일정씨迎日鄭氏 세호世豪의 따님이다. 배천석은 1543년(중종 38) 증좌의정 충정공忠定公 권벌權橃의 추천으로 의서습독관醫書習讀官이 되었다. 일을 처리하고 사람을 대함에 근실하다는 평판이 있어, 선교랑宣敎郎의 품계에 오르고, 병절교위秉節校尉 충좌위忠佐衛 부사과副司果에 이르렀다. 조모와 모친을 봉양하기 위해 1546년(명종 원년) 가을 벼슬을 그만두고 봉화 호평虎坪으로 돌아왔다. 연이은 모친·조모·부인 상을 마친 후 서후면 금계錦溪에서 살기도 하고, 내성奈城에서 살다가 다시 금계로 돌아왔다. 아들 임연재가 현달하였으므로 병조참판에 추증되었다.

증참판공 배천석이 1558년(명종 13) 임하현 도목리桃木里(수몰 전에는 월곡면, 현재는 예안면)에 터를 닦아 이사하면서 흥해배씨의 도목 시대가 시작되었다. 증참판공이 도목리에 정착한 것은 낙동강가의 기름진 토지와 경치의 아름다움도 있었겠지만, 아들의 교육과도 관계가 있었을 것으로 보고 있다. 종손의 견해는 어려운 환경으로 인해 공부에 전념할 수 없었던 증참판공으로서는 자식만은 대학자 퇴계에게 보내 공부하도록 했으면 하는 바람에서 토

표 2 흥해배씨 백죽당 세계

7세 尙志(1351–1413, 백죽당, 증병조판서. 배위 안동권씨)–안동 입향조

8세 權(1376–1427, 생원, 사헌부지평. 배위 안동권씨)

9세 孝長(1400–?, 가각고녹사. 배위 안동권씨)

10세 袵(?–1486, 소위장군. 배위 봉화정씨)

11세 以純(1445–?, 진사, 증통례원좌통례. 배위 함창김씨)

12세 巚(1482–1524, 생원, 증승정원좌승지. 배위 금성박씨)

13세 天錫(1511–1573, 충좌위부사과, 증병조참판. 배위 영일정씨)–도목 입향조

14세 三益(1534–1588, 臨淵齋)
(문과 급제, 관찰사. 배위 영양남씨 蘭芳) 三近

15세 龍吉(1556–1609, 琴易堂)
(문과 급제, 예문관검열. 배위 광산김씨) 尙吉 寅吉 成吉

16세 淑全(1583–1637)
(장사랑. 배위 죽산안씨) 澤全 潤全

17세 興冑(1624–1660, 입계, 장악원정. 배위 의성김씨)

18세 晳(1641–1663, 배위 영양남씨)

19세 行健(1676–1754, 입계, 무신란 창의. 배위 전주류씨)

20세 繅(1710–1755, 입계. 배위 안동권씨)

21세 相泰(1734–1759, 통덕랑. 배위 고성이씨)

22세 顯明(1756–1813. 배위 영천이씨)

23세 翰周(1784–1866. 배위 재령이씨)

24세 善萬(1805–1879, 성균생원. 배위 안동권씨)

25세 淵載(1860–1928. 배위 광산김씨)

26세 漢根(1886–1960. 배위 의성김씨)

27세 誠煥(1903–1975. 배위 진성이씨)

28세 在溱(1933–2015, 입계. 배위 밀양박씨)

29세 贊鎰(1970– . 배위 파평윤씨 榮珠)

계와 가까운 도목으로 이주한 것으로 보고 있다. 당시 퇴계가 거처하던 토계리는 도목에서 낙동강 상류로 수로를 따라 50리 정도 거슬러 올라가는 곳에 있었다. 실제 임연재는 27세 때 도목에 입주하고 얼마 되지 않아 퇴계 문하에 들어갔다. 이후 대대로 15세대에 걸친 400여 년을 도목에서 살았다. 〈표 2〉는 도목에 정주한 이후 백죽당의 세계이다. 흥해배씨들은 분가를 해도 대개 멀지 않은 안동권에 살았으므로, 안동에서는 흥해배씨를 도목배씨라고도 부른다. 그만큼 도목은 흥해배씨의 대표적인 세거지였다.

도목에 집을 지은 후 퇴계가 제자 배삼익에게 '임연재'와 '도목촌'의 두 편액을 보내왔다. 또 집 북쪽 짧은 산기슭에 산수정山水亭을 지었다. 그러나 산수정은 고종 말기에는 허물어져 광무 연간의 기록에 "지금은 없다."라고 기록되어 있다. 아마도 경종 연간의 수해로 무너진 것으로 보인다.

400여 년을 세거한 도목리에 대해 증참판공의 묘갈에도 도목리桃木里로 표기되어 있는 것으로 보아 이때부터 도목桃木이라 부르게 된 듯하다. 도목촌은 낙동강 동쪽 깊은 곳으로, 푸른 산을 등지고 푸른 강을 마주하고 있어서 조망이 매우 뛰어났다. 아들 임연재는 도목의 승경을 시로 읊었으니 「도촌팔영桃村八詠」이 그것이다. 이 시는 8수로 이루어졌는데, 그중 '도목촌桃木村', '산수정山水亭', '임연관어臨淵觀魚'의 3수를 보아도 선경이었음을 알 수 있다.

도목촌桃木村

도원은 본래 무릉 땅에 있는데,	桃源本在武陵中
천고의 세월 동안 그 모습 드러내지 않았네.	千古風煙秘不通
사람들에게 신선의 지경을 말해 버린,	説與人間神境界
그날 고기 잡던 늙은이가 미워진다네.	生憎當日捕魚翁

산수정山水亭

물 있고 산 없으면 지자만 좋아하고,	有水無山唯智樂
산 있고 물 없으면 어진 데로만 치우치겠지.	有山無水亦仁偏
주인은 산과 물이 어울린 명승에 자리 잡았으니,	主人占勝兼山水
동과 정 어느 한쪽으로 치우칠 걱정이 있겠는가.	動靜何憂落一邊

임연관어臨淵觀魚

임연대 아래 고기들이 자유로이 헤엄치며,	臺下群魚自在游
비늘과 지느러미 쉴 새 없이 움직이네.	揚鱗縱鬣不知休
생각건대 지극히 당연한 이치 온 천지에 가득해,	仍思至理盈天地
솔개가 날자 함께 위아래로 헤엄치네.	併與鳶飛上下流

'도목촌'에서는, 일찍이 도연명이 「도화원기桃花源記」에서 복사꽃 피는 아름다운 마을은 무릉에 있다고 했지만, 임연재는 도원은 이곳이라고 노래하였다. '산수정'에서는 산수 가운데 있으면서 동정에 치우치지 않는 중용을, '임연관어'에서는 헤엄치는 고기를 통해 천지는 지극히 당연한 이치로 가득하다고 노래하였다. 이

시에 권호문權好文이 차운해 「운배양양도촌팔영韻裴襄陽道村八詠」을 지었는데, 권호문이 이 시를 지은 때는 임연재가 양양부사로 있을 때였으므로 「도촌팔영」은 그 이전에 지은 것으로 보인다. 따라서 이 시는 1582년(선조 5) 이전에 지었을 것이다.

(3) 송천松川으로 옮겨 만년대계를 세우다

흥해배씨는 백죽당이 낙남한 지 23대 600년 가까이 지났으며, 동시에 1558년(명종 13) 도목촌으로 이주하여 400여 년을 이어오고 있었다. 그런데 도목에 살던 흥해배씨는 안동댐 건설에 따라 400년 터전이었던 도목촌을 떠나는 아픔을 겪게 되었다. 그래서 백죽고택이면서 임연재종택인 종택도 1973년 송천동으로 옮겨 새로운 역사를 쓰게 되었다.

1558년(명종 13) 증참판공이 예안면 도목리 1134번지에 종택을 건립한 지 415년이 되는 1973년 종택을 이전하였다. 1971년 안동댐 건설이 시작되자 세거지가 수몰될 처지에 놓여, 안동의 송천松川으로 옮긴 것이다. 종택은 1973년 12월 31일 경상북도 유형문화재 제25호 '금역당사당 및 종가'로 지정되었다. 그러나 실제로는 임연재 배삼익을 불천위로 배향하고 있고 향촌에서도 임연재종택으로 호칭하고 있으므로, 2010년 8월 2일 '안동 흥해배씨 임연재종택'으로 개칭하기에 이르렀다.

송천동의 종택은 갈라산葛蘿山을 조산朝山으로 하고, 둔지산屯地山을 안산案山으로 하는 산기슭에 세워졌다. 집의 정면에서

▲ 드론으로 촬영한 종택(영남문화연구원 제공)

▼ 현재의 종택(임연재종가 제공)

남쪽으로 멀리 보이는 산을 조산이라 하고, 그보다 앞의 조금 낮은 산을 안산이라고 한다. 종택 마당에서 정면으로 멀리 우뚝 솟은 갈라산 정상은 문필봉文筆峰이다. 산의 모양이 붓 끝처럼 뾰족하게 생겨 문필봉이라 하는데, 문필봉을 마주 보고 있는 집에서는 큰 문장가나 문필가가 배출된다고 한다. 책을 중시하는 종가와 문필봉은 더욱 잘 어울려 보인다. 지금은 문필봉으로 불리지만, 조선시대에는 문필산文筆山이라 하였다. 『신증동국여지승람新增東國輿地勝覽』에는 신라시대 김생金生이 여기서 글씨 공부를 했다고 해서 '문필산'이라 불렀다는 기록이 있다.

종손이 쓴 책 『배려와 예의 공간, 종택』에는 종택의 좌우를 청룡등과 백호등이 겹겹이 감싸 호위하고 있는 형세라 표현되어 있다. 이어 종택 뒤의 산이 팔을 벌려 종택을 감싸 안고 있는 형국이어서 아늑하고 편안하다고 하였다. 큰 지도를 놓고 넓게 보면 도목 종택의 조산이 현 종택의 주산主山이 된다고 한다. 또한 일월산에서 발원한 반변천이 동쪽에서 들어오는 것은 보이지만, 서쪽의 선어대를 천천히 돌아서 나가는 모습은 보이지 않는 전형적인 배산임수의 지형이라 한다.

전형적인 배산임수의 명당을 찾아 종택을 이건한 것은, 후손이 길이 번창하길 기원하는 마음을 담고 있다. 이건하면서 사당을 상량할 때 후손 백저白渚 배동환裵東煥은 「종택묘우이건상량문宗宅廟宇移建上樑文」을 지었다.

퇴계친필 임연재 편액(영남문화연구원 제공)

퇴계친필 도목촌 편액(영남문화연구원 제공)

삼가 생각하건대,	伏以
안동의 동쪽 벌판이고,	花山東畔
낙동강의 상류일세.	洛江上流
옛 집을 새로 옮기며,	舊宅新移
사당을 먼저 세우네.	大廟先建
…	…
엎드려 원하옵건대 들보를 올린 후에,	伏願上樑之後

금역당 편액(영남문화연구원 제공)

송천으로 이건하면서 만든 백죽고택 편액(영남문화연구원 제공)

선령이 길이 편안하고,	先靈永安
후손이 더욱 번창하게 하소서.	後昆益昌
거문고와 서적을 보배로이 간직하고,	琴書寶藏
원림이 그윽하고 무성하게 하소서.	園林邃密
모든 신이 보살펴서,	百神擁護
한 집안을 화목하게 하소서.	一室和融
공맹의 유학으로 이름난 고장에,	鄒魯名鄕

송의 호안국과 채원정의 가학처럼 영원하게 하소서. 胡蔡永世
어찌 감히 잊을 것인가? 曷敢忘也
쇠하지 말고 이어 가게 하소서. 勿替引之

이 문장에 종택에 대한 소원이 함축되어 있음을 볼 수 있다. 안동 송천의 종택에는 도목의 종택에 걸려 있던 편액을 옮겨 걸었다. '임연재臨淵齋'와 '도목촌桃木村'은 배삼익의 스승 퇴계의 친필이나, '금역당琴易堂'은 필자를 알지 못한다. 이건하면서 새로 만든 '백죽고택柏竹古宅' 편액도 걸었다.

제2장

백성을 걱정한 목민관 임연재

1 학문에 뜻을 두다

세간에서 말하길 종가의 자존심은 사당에서 나온다고 한다. 그 자존심이 나라에 큰 공을 세웠거나, 학문과 덕을 인정받아 사당에서 영원히 제사를 지내는 '불천위不遷位'에서 유래된 것임은 말할 것도 없다. 백죽당 후손 중 불천위는 임연재臨淵齋 배삼익裵三益(1534-1588)이다.

배삼익의 자는 여우汝友, 호는 임연재臨淵齋이다. 진사 (증좌통례贈左通禮) 배이순裵以純의 증손으로, 할아버지는 생원 (증좌승지) 배헌裵巘이고, 아버지는 충좌위부사과忠佐衛副司果 (증병조참판) 배천석裵天錫이다. 어머니는 영일정씨迎日鄭氏로 정세호鄭世豪의 따님이다. 배위는 남치리南致利의 누이인 남난방南蘭芳이다.

흥해배씨 14세손의 항렬자는 '삼三' 자이다. 모두 다는 아니지만, 자字에도 '여汝' 자를 항렬자처럼 준 것으로 보인다. 재종 이내에 삼근三斤(여용汝勇), 삼수三秀(여명汝明), 삼외三畏(여경汝敬), 삼계三戒(여신汝愼), 삼락三樂(여화汝和)의 자에는 '여汝' 자가 들어 있다. 임연재의 자 '여우汝友'의 '우友'는 『논어論語』「계씨季氏」'익자삼우益者三友'에서 취한 것이다. 유익한 사람이 셋 있으니, "정직한 사람(우직友直), 신실한 사람(우량友諒), 견문이 많은 사람(우다문友多聞)을 벗하면 유익하다."에서 따온 것이다. 자와 이름 글자를 연계시켜 보면, '유익한 그대의 친구'란 뜻이므로, 신실하고 도움이 될 만한 벗이 되라고 지어 준 이름으로 보인다.

호인 임연재는 검암에 대를 쌓고 마음을 다잡는다는 의미에서 『시경詩經』「소아小雅」를 근거로 지은 것이다. 즉 "감히 맨손으로 범을 잡지 못하고, 걸어서 황하도 건너지 못한다네. 사람은 그중 하나는 알지만, 그 밖의 것은 알지 못한다네. 두려워서 벌벌 떨며 조심하기를[전전긍긍戰戰兢兢], 깊은 연못에 임한 것같이 하고[여림심연如臨深淵], 살얼음 밟듯이 해야 하네.[여리박빙如履薄氷]"에서 '임臨'과 '연淵'을 취한 것이다. 이는 매사에 신중하게 행동하며, 삶에 허덕이는 백성을 걱정하는 마음을 표현한 것으로 보인다. 호와 이름에 걸맞은 삶을 살았다고 볼 수 있다.

임연재의 이력은 『임연재선생문집臨淵齋先生文集』에 수록된 「연보年譜」를 토대로 하였는데, 생장 과정, 국가적인 난제를 해결한 업적, 백성과 고락을 같이한 목민관으로서의 업적으로 나누어 기술하되, 관련된 일화가 있으면 덧붙이면서 따라가기로 한다.

임연재는 1534년(중종 29) 8월 3일 외가인 안동부 서부의 단지촌丹地村에서 출생하였고, 1558년(명종 13) 아버지를 따라 도목으로 이주하였다. 전래하는 문서를 보건대, 많은 노력을 통해 증참판공은 새로운 터전 도목으로 이주할 만한 경제적인 기반을 갖추었던 것으로 보인다. 과거시험 뒷바라지도 경제적인 기반이 없으면 할 수 없다. 증참판공은 이주와 함께 경제적 기반을 갖추어서, 아들들이 학업에 전념할 수 있게 한 것이 큰 공로라 하겠다.

당시는 퇴계가 도산서당을 막 건축한 때였으므로, 퇴계에게 보내 수학하도록 하기 위해 도목으로 이주한 것으로 보인다. 임연재는 어려서 대부인大夫人을 여의었고 집이 가난했으나, 퇴계의 문하에서 힘써 배우고 분발하며 성장하였다. 당시에는 가문을 일으키는 가장 좋은 방법이 문과에 급제하는 것이었다. 1558년(명종 13) 생원이 되고, 1564년(명종 19) 식년 문과에 병과로 급제하였다. 안동에는 임연재의 과거시험과 관련한 두 가지 이야기가 전한다.

하나는 서애 류성룡이 쓴 신도비명에 나오는 내용이다. 서애가 16살 때 한성감시를 보았는데, 당시 여우는 무리 가운데 두각을 드러내 고금의 사실을 훤히 꿰뚫고 있어서 종횡무진 막힘이 없어서 좌우가 탄복하였다고 한다. 가을에 여우가 고향에서 와서 감시를 보았는데, 닭이 울자 같이 시험장에 도착해 뜰의 큰 홰나무 아래에 자리를 잡았다. 시험 제목이 나오자 여우는 해지기 전에 2편을 완성하였으나, 자신은 시를 다 지었지만 정서하지 못하였기에, 여우가 대신 써 주었다. 탁명坼名하여 이름을 부르는데 자신은 급제하였으나, 여우는 뜻을 펴지 못하였다. 여우가 귀향할 때 술을 나누면서 '요행과 불행[幸不幸]'이란 말로써 작별하였다고 한다. 이후 둘의 정은 더욱 깊어졌고, 보지 못하면 그리워하고, 만나서는 서로 돌아갈 바를 잊어버렸다고, 감시를 본 시절에 대한 이야기를 기록하였다.

다른 하나는 임연재가 쓴 과문科文의 서체에 대한 이야기이다. 임연재는 문과에 급제하기 위해 꾸준히 정진하여 과거에 응시했으나, 그만 낙방하고 말았다. 그는 낙방한 후 낙심천만하여 집으로 돌아와 두문불출하면서 시름에 잠겨 있었다. 그러던 어느 날 한양에서 손님이 왔다. 방문객은 '배지개, 배지개' 하며 누군가를 찾는 듯했다. 하인이 이상한 사람이 왔다고 주인에게 알렸고, 그 사람을 들이라 하니, 그는 이 고을에 사는 배지개라는 사람이 과거에 합격했는데, 도무지 나타나질 않아 직접 찾아 나섰다고 하였다. 임연재가 이상하게 생각해 그 명단을 보니 자신의 고을사람으로 배지개裵之蓋라고 적혀 있었다. 당시 고을에서 과거를 본 사람은 자신뿐이었다. 이로써 시관이 초서로 적힌 자신의 성명을 잘못 판독해, 합격자 발표 명단인 방榜에 '裵之蓋'라 적은 것으로 짐작되었다. 방에 자신의 이름자가 없어 불합격했다고 낙심해 집으로 돌아왔는데, 관원이 집으로 찾아온 것이다.

이는 누군가의 우스개가 전래된 것으로 보인다. 문과의 최종 관문은 어전에서 치르는 전시인데, 이때 제출하는 시권은 자신의 성적이 결정되는 문권이다. 전래되는 시권은 모두 해서로 또박또박 쓰여 있다. 여기에 4대 조상을 비롯한 자신의 출신을 밝히는 부분에도, 다른 사람이 판독하기 어려울 정도의 초서로 쓴 것은 없으며 해서로 적혀 있다. 따라서 이 구전은 임연재가 그만큼 초서에도 능했다는 것을 의미한다고 볼 수 있다.

사실 오세창吳世昌(1864-1953)도 임연재의 초서가 뛰어나다고 인정한 바 있다. 오세창은 전서篆書와 예서隷書에 뛰어난 당대 최고의 서예가였으며, 서예는 물론 감식에도 뛰어났다. 그는 역대 서화가의 친필을 수집하고 한국 서화사 연구에 착수해 『근역서화징槿域書畵徵』, 그리고 인장印章을 수집·정리하여 『근역인수槿域印藪』를 발간한 인물이다. 또 선현들의 묵적 가운데 서간류의 소품을 수집하여 『근묵槿墨』 34책으로 엮었다. 『근묵槿墨』에는 고려 말의 정몽주鄭夢周, 길재吉再, 조선 초기의 정도전鄭道傳, 강회백姜淮伯, 대한제국기의 이도영李道榮에 이르기까지 서체별로는 행서 595점, 초서 468점, 해서 57점, 전예 16점의 작품이 수록되어 있다. 행초가 대부분이지만, 전예해행초의 구색을 모두 갖춘 책이다. 여기에 1565년(명종 20)에 쓴 임연재의 초서 편지가 수록되어 있다. 임연재는 그만큼 초서를 잘 썼던 것이다.

1565년(명종 20) 밀양교수로 있을 때는 스승인 퇴계에게 점필재의 사우를 건립할 것을 건의하였다. 1566년(명종 21)에는 퇴계에게 『주자연보朱子年譜』를 고쳐 간행할 것을 건의하였다. 이때 퇴계는 "연보의 오자는 점과 획에 그치지 않고 글자가 틀린 곳이 많으니, 공이 세밀하게 고쳐서 간행하라."는 답장을 보냈다. 임연재가 양산 판목을 수정한 인출본을 보내니 "이전보다는 한결 나아졌지만 아직도 수정해야 할 곳이 있으니, 더 고쳐서 보내 주면 좋겠다."라는 답장이 왔다. 이듬해인 1567년(선조 원년) 『주자연보』를 고쳐 다시 인출해 보냈더니, "수고한 보람이 있어 크게 잘못된 곳은 없다."라는 답장이 왔다고 한다.

1569년(선조 2) 8월에 100여 자 되는 석벽인 검암儉巖 위의 평평한 곳에 단을 쌓으니, 퇴계가 '도목촌桃木村'과 '임연재臨淵齋'란 편액을 써서 보내 주었고, 임연대의 서쪽 자계紫溪에 정자를 지으니 이번에는 '자양정사紫陽精舍'라고 써 주었다. 곧이어 퇴계는 「경재잠敬齋箴」과 「숙흥야매잠夙興夜寐箴」을 써서 보내왔다. 이후 임연재는 성균관학유·중학훈도·성균관학록·학정·박사를 거쳐 호조좌랑이 되었다. 1570년(선조 3) 9월에는 도산서당에서 『심경계몽心經啓蒙』을 강의하였다. 이때는 퇴계가 생존해 있던 시점이다. 퇴계 사후 6년 뒤인 1576년(선조 9) 도산서원陶山書院이 완공되자, 초대 상임(현재의 원장院長)이 되었다.

도산서당에서 강의한 이력이라든가 장서를 한 경력을 보더라도, 임연재가 목민관으로 헌신하지 않고 계속 강학했으면 그는 훌륭한 학자가 되었을 것이다. 하루는 오동나무와 대나무가 가득한 도산서원 뜰에 달이 뜨자 학봉 김성일과 배회하다가 시를 주고받았는데, 시에 그때의 감회가 드러나 있다.

냇가를 가득 채운 풍월은 넓기도 해라!	滿川風月浩無邊
6년 만에 다시 노니니 작지만 우주가 있네.	六載重遊小有天
왕대와 벽오동은 지금 알 바 아니지만,	苦竹青梧今不管
바위 위의 정자 쇠락한 지 몇 년이 되었던가!	巖軒寥落幾多年

배용길裵龍吉(1556–1609)과 배상길裵尚吉 두 아들을 두었다. 금역당琴易堂 배용길은 문과에 급제하여 사헌부감찰, 예문관검열, 충청도도사를 지냈다. 배용길은 임진왜란 때 종제 배인길裵寅吉과 함께 의병으로 안동과 인근 지방의 전투에 참여하였는데, 배인길은 전사하였다. 차남 배상길은 요절하였다.

백성을 걱정한 목민관
임연재

2 국가적인 난제를 해결하다

임연재는 밀양교수를 지낸 후 1575년(선조 8) 성균관전적·형조정랑이 되었다. 6월에 풍기군수를 제수받았고, 이후 양양부사를 지냈다. 특히 임연재에게 풍기는 특별한 곳이었다. 선대 군수였던 신재 주세붕과 퇴계 이황의 사학운동의 맥을 이을 수 있는 곳이었다. 임연재는 풍기에서 만기인 만 5년을 재임하였는데, 이는 오히려 드문 경우라 하겠다. 또한 양양부사도 만 3년 재임하였는데, 모두 자의에 의한 것이었다. 서애는 풍기군수 시절의 임연재에 대해 "처음 벼슬길에 나아가서는 직무에 임하여 삼가고 부지런했으며 매사를 모두 분명하게 처리했는데, 풍기군수가 되어서는 아전들을 엄하게 다스리고 몸가짐이 검소하였으며 백성들을 어질게

어루만졌다. 처음에는 강경한 자들이 자못 좋아하지 않았으나 몇 년 만에 고을 사람들이 공의 치적을 칭송하였고, 공이 떠난 뒤에도 사모함이 많이 남아 있었다."라고 하였다.

1586년(선조 19) 8월 장례원판결사掌隷院判決事에 임명되었을 당시 조정은 1521년(중종 16)에 있었던 신사무옥辛巳誣獄의 진상이 밝혀지면서, 그 뒤처리를 아무도 하지 않으려고 하여 난관에 봉착해 있었다. 판결사로 임명받은 임연재는 화와 복은 하늘에 달린 것이어서, 모든 일은 내가 하기에 달려 있다는 신념으로 임했다고 한다. 백성들의 고통을 해소시키기 위해서는 심지어 임금이나 상관의 뜻을 거스르는 일도 개의치 않았다고 한다.

신사무옥이란 중종조의 좌의정 안당安瑭과 그의 아들 안처겸安處謙이 역모를 꾸미고 있다고 고발되어, 안씨 일문이 모두 사형당한 사건이다. 그 고변자가 안당의 이복 누이동생인 감정甘丁의 아들 송사련宋祀連이었다. 송사련의 아버지는 천문학관인 송인宋璘(자근금者斤金), 어머니는 성균관사예 안돈후安敦厚의 서출인 감정이다. 신사무옥은 신분상 출세할 수 없는 것을 비관하던 송사련이 출세를 위해 처남인 정상鄭瑺과 모의해 남곤南袞과 심정沈貞에게 아부하여 꾸민 일이다. 송사련은 안처겸의 모친상 조객록弔客錄과 발인할 때의 역군부役軍簿를 가지고 안처겸이 반란을 꾀하려 한다고 무고하였으므로, 안당과 아들 안처겸安處謙·안처함安處諴·이충건李忠楗·이약수李若水·조광좌趙光佐 등이 역적으로 몰려 처형되었다. 이 고변으로 인해 기묘사화 때 겨우 살아남은 사림이 다시 한번 큰 타격을 받았다. 역모를 고한 공으로 송사련은 절충장군·시위대장 등 당상관에 올라 중종에서 선조까지 4대 60여 년간 세력을 잡고 종신토록 녹을 받았다.

송사련은 아들 5형제를 두었는데 모두 당대의 명사가 되었으며, 딸 하나는 종실에 출가했다. 5형제 중 송익필宋翼弼은 성리학과 예학에 뛰어난 데다 8문장 가운데 한 사람으로 꼽힐 만큼 문학으로도 일가를 이루고 있었다. 송익필은 이이李珥·성혼成渾 같은 서인의 중심인물과도 우의가 돈독하였고, 송익필의 문하에서는 김장생金長生과 정엽鄭曄 같은 인물이 배출되었다. 송익필의 동생인 송한필宋翰弼도 성리학과 시에 뛰어났으며, 형제가 함께 율곡 이이의 절대적인 신뢰를 받고 있었다. 이런 판국에 송사련이 죽은 뒤인 1586년(선조 19) 안당의 손자 안로安璐의 처 윤씨의 상소로 안당의 무죄가 밝혀지자 송씨 집안도 맞상소를 하였다. 그리고 안씨 집안의 후손들도 신사무옥을 재심해 달라고 요청하는 소장을 제출하였다.

송사련의 위훈僞勳이 삭제되고, 그의 아들인 송익필 형제는 다시 천민의 신분으로 강등되어야 하지만, 권력과 부를 누리고 있는 송씨 일문과 서인들의 눈치를 살피느라 장례원의 판관들이 모두 회피하여 판결하지 못하고 있었다. 송익필과 송한필이 율곡 이이를 비롯한 당대의 뛰어난 지식인이나 고관과 가까이 지내고 있어서 그 세력에 휘둘렸기 때문이다. 해묵은 이 사건을 임연재는 오로지 법에 따라 정의롭게 판결하여 안당 부자의 역모는 송사련이 조작해 낸 것임을 밝혔다. 아울러 송사련의 위훈을 삭제할 것을 주청하여 이를 관철시켰다. 이로써 억울하게 노비가 되고 멸족된 안당의 자손들은 오랜 한을 풀게 되었다.

이 정의로운 판결로 임연재는 많은 칭송을 받았다. 몇몇 기록에 "감사 배삼익이 대성臺省에 있으면서 일을 의논하기를 신중히 하고, 이해관계로 마음이 흔들리는 일이 없었다. 전일에 송사련이 안당의 집을 무고하였는데, 그 뒤에 그 자손이 원한을 풀기 위해 법정에 송사하였으나 세력이 약하여 이길 수 없었으며, 법관들이 모두 회피하여 판결하지 못하였다. 그러나 배삼익이 판결하니 여론이 모두 통쾌하게 여겼다."라고 하였고, 이정귀李廷龜도 임연재의 묘지명에서 '여정함쾌輿情咸快', 즉 여론이 모두 통쾌하게 생각했다고 표현했다.

1586년(선조 19) 11월에는 성균관대사성에 임명되었다가 1587년(선조 20) 1월에는 진사사陳謝使에 임명되었다. 임연재가 진사사로 파견된 경위는 이러하다. 그 전해인 1586년(선조 19) 10월 하절사賀節使 윤자신尹自新의 일행이 실수로 북경의 옥하관玉河館에 불을 내었고, 성수익成壽益이 동지사冬至使로 북경에 가다가 진헌방물進獻方物 중 나전함 안의 작은 합 네 개를 도둑맞은 바 있었다. 이로 인하여 중국과 미묘한 외교적 마찰이 발생하자 조정에서는 서둘러서 두 사신에게 벌을 주고, 명에 사죄하기로 방침을 정하고 진사사를 파견한 것이다. 이 일은 아무나 보낼 수가 없었는데, 결국 중론에 따라 임연재가 정사로 선발되어 외교적 마찰을 해결하는 중책을 떠맡게 되었다.

임연재는 성균관대사성을 사임하고, 이조참판이라는 직책으로 음력 3월에 연경을 향하여 떠났다. 사신이 떠날 때 선조는 술을 내리면서 『대명회전大明會典』의 개정판이 반포되는 시기를 알아오라는 밀명을 내렸다. 일단 사신으로 간 목표를 달성한 임연재는 당시 『대명회전』 개정판의 초고가 완성되었다는 정보를 입수하였다.

선조가 『대명회전』의 간행 시기를 알아 오라 명한 것은 종계변무宗系辨誣와 관련이 있다. 이는 명나라 사서에 잘못 기록된 이성계의 세계世系를 시정하기 위한 것이었다. 명나라의 『태조실록』과 『대명회전』에는 태조 이성계가 고려 우왕 때의 권신인 이인임李仁任의 아들이라고 기록되어 있었다. 이인임은 우왕을 추대한 공으로 정권을 잡고 전횡을 일삼았다 하여 이성계가 축출하였는데, 엉뚱하게도 이성계가 이인임의 아들로 중국에 잘못 알려진 것이다.

이 일은 왕가의 종통이 잘못되었다는 것도 문제지만, 조선 건국의 명분까지도 훼손시키는 중대한 오류였다. 그리하여 조선은 1394년(태조 3) 이후 끈질기게 수정을 요구했지만, 명나라 측에서는 후세에 마음대로 고칠 수 없다고 하여 결실을 보지 못한 상태였다. 그러다가 선조 때에 이르러 명나라에서 『대명회전』을 개정한다는 정보를 입수하고, 적극적인 외교활동을 펼쳐 마침내 잘못된 부분을 고치라는 황제의 허락을 받은 상태였다. 그리하여 『대명회전』 개정판이 나오기만을 초조하게 기다리고 있었는데, 진사사는 사죄하러 가는 길인 만큼 감히 요구조건을 내세울 수 없어서 간행 시기나 알아 오라고 특명을 내린 것이었다.

『대명회전』 개정판의 초고가 완성되었다는 정보를 입수한 임연재는 명의 예조에 두 차례에 걸쳐 간곡한 정문呈文을 올려서, 개정된 초고본 가운데 종계변무와 관련된 부분을 등사하여 달라고 요청하였다. 아직 간행도 되지 않은 책의 초고를 베껴 달라는 요청은 무리한 일이었지만, 두 차례나 명나라 예부에 간곡한 정문을 올린 것이 주효하여 마침내 황제의 허락을 얻어 내는 데 성공하였다.

돌아올 때 황제가 칙서를 내려서 "조선 왕의 충신忠愼스러움을 가상히 여긴다."라고 치하하면서, 선조에게는 망룡금의蟒龍錦衣와 채단彩緞을, 임연재에게는 옥적玉笛·상홀象笏·앵무배鸚鵡盃를 주었다. 적통이 아닌 선조로서는 종계변무가 다른 왕들보다 훨씬 절실한 입장이었을 것이므로, 임연재가 종계변무의 초고본을 입수했다는 긴급보고가 전해지자 친히 모화관까지 나가서 돌아오는 사신을 맞이하였다. 이어 임연재에게는 내구마內廐馬 한 필, 서장관 원사안元士安에게는 아마 한 필을 내려 주었다. 이때 선조가 상을 내린 것은 종계변무가 해결되어 수정된 초본을 바쳤기 때문이다. 임연재의 뛰어난 외교력을 인정한 선조는 명에서 귀국하자 곧 승정원우승지를 제수하였다. 이성계의 세계가 수정되기를 간절하게 바라는 선조로서는 초고라 할지라도 안도했을 것이다.

임연재 다음 차례로 1587년(선조 20) 10월 사은사로 명에 간 유홍兪泓이 중수된 『대명회전』 중 조선 부분 1질을 받아 왔다. 또한 임연재 사후 1589년(선조 22) 윤근수尹根壽가 『대명회전』 전부를 받아 옴으로써 종계변무 문제는 완전히 해결되었다.

1590년(선조 23) 2월 그간 종계변무 문제로 공이 많은 신료들을 광국공신光國功臣으로 책록하였다. 그러나 임연재는 공신으로 책록되지 못하였다. 그 까닭은 사행 시에 데려갔던 하인이 대도大盜와 내통하여 명나라에 바칠 옥환玉環을 훔친 일이 밝혀져, 그 책임으로 타계한 지 2년 뒤인 1590년(선조 23) 봄 생전의 관직을 몰수당했기 때문이다.

당시 종계변무에 공이 있는 관리는 모두 공신 칭호를 받았고, 서장관이었던 원사안元士安도 원종공신으로 녹훈되었으나, 훨씬 공이 큰 임연재는 오히려 삭탈관직이라는 중벌을 받았다. 퇴계 문하생의 명단인 『계문제자록溪門弟子錄』과 권두경權斗經이 쓴 「의청추록광국훈계擬請追錄光國勳啓」에는 임연재의 억울함이 기록되어 있다. 임연재는 옥환 분실 사건으로 억울하게 공신에 책록되지 못했으나, 당시 서장관으로 동행해 아마를 하사받은 원사안은 원종공신 1등에 책록되었음과 정사인 임연재는 당시 내구마內廐馬를 받았고, 복관되었으므로 원공신이나 원종공신 1등에는 책록되어야 한다고 건의한 내용이다.

3 백성과 고락을 함께한 목민관

임연재는 백성들의 어려움과 고통을 해결하기 위해 노심초사한 것으로 보인다. 양양부사 재임 시의 임연재에 대해서 서애가 말하기를 "양양은 바닷가에 있는 고을로, 토속이 순박해 공은 풍속에 따라 다스리면서, 너그럽고도 대범하게 이끌어 쇠잔한 것을 살리고 피폐한 것을 일으키니, 선정의 소문이 더욱 자자하였다. 제사를 더욱 중시하여 문묘文廟의 석전제釋奠祭·사직社稷 및 성황城隍의 여제厲祭에 이르기까지 모두 친히 제사를 주관하였으며, 매년 동해신에 제사 지냈다. 축책祝冊이 경사京師로부터 오면 공은 경건하고 엄숙하게 받들어 행함에 있어 더욱 엄하게 삼갔으므로, 비가 내리기를 기도하면 비가 내리는 일이 많았다."라고 하였다. 또 1581년(선조 14) 겨울 「논해운편의계論海運便宜啓」를 올려 동해는 지형상 해운에서는 작은 배가 편리하므로 이를 장려해야 한다고 하였다.

1583년(선조 16)에는 사헌부장령과 성균관사예를 지냈다. 이 두 관직은 내직이지만 백성들의 삶을 살피기를 게을리하지 않았다. 사헌부장령으로 재직 시 영동 지역에서 안변으로 보내는 군량미를 육로로 운송하라고 명하자, 겨울이라 육로로 운송하는 것은 불가능하므로 해운이 가능할 때까지 늦추어 달라고 청하는 「청정영동육운계請停嶺東陸運啓」를 올렸고, 1584년(선조 17) 6월 큰 가뭄이 들자 사사로이 납속을 받은 호조당상을 추고하고, 조세 부과의 원칙과 시행 과정상의 실용성을 논의한 「논납속편의계論納粟便宜啓」를 올려 시무에 대한 의견을 개진하였다. 또 큰 가뭄이 들어 임금이 해결책을 구하자, 이에 응해 「시무십조소時務十條疏」를 올렸다. 여기에서 신하가 임금에게 정책을 건의하는 자세와 임금이 신하의 정책을 받아들이는 마음가짐에 대하여 서술한 뒤 정책 시행의 요목을 10조목으로 나누어 기술하였다. 시급히 조치해야 할 10조의 대강은 다음과 같다.

큰 근본을 세울 것이며,	立大本
유학을 숭상할 것이며,	崇經術
먼저 절약하고 검소하게 할 것이며,	先節儉
신하의 간쟁을 받아들일 것이며,	納諫諍
기강을 세울 것이며,	振紀綱

상벌을 신중하게 할 것이며, 愼賞罰
하늘의 뜻을 받들 것이며, 敬天怒
백성의 고통을 돌볼 것이며, 恤民隱
현인과 재능 있는 사람을 받아들일 것이며, 進賢才
무비를 튼튼히 할 것이다. 講武備

임연재가 8년간의 외직을 마치고 사헌부장령으로 조정에 복귀하였을 때는 이미 동인과 서인으로 분당되어 서로를 배척하고 공격하는 형편이었다. 임연재는 이를 몹시 우려하여 가족을 모두 고향으로 내려보내면서, 나라에서 내린 벼슬이니 함부로 사직은 못하지만 오래 있지는 않을 것이라고 자신의 심경을 토로하였다. 1584년(선조 17) 사간원헌납일 때 「진십조陳十條」를 올려 군주의 덕과 시사를 논하였다. 이에 관한 10조의 대강은 다음과 같다.

유학을 실천하여 실덕을 증진시킬 것이며, 躬聖學以進實德
치국의 요체를 심정하여 먼저 할 일부터 할 것이며, 審治體以急先務
절약과 검소를 숭상하여 교본을 세울 것이며, 崇節儉以立敎本
간언을 부지런히 받아들여 중지를 모을 것이며, 勤聽納以集衆善
관리의 채용과 체직을 신중히 하여 정도를 밝힐 것이며, 愼用舍以辨邪正
학문과 선행을 권장해 선비의 기풍을 밝힐 것이며, 勸經行以明士趨
기강을 세워 공직자의 도리를 진작시킬 것이며, 振紀綱以張公道
부역을 줄여 백성의 살림을 넉넉하게 할 것이며, 省賦役以寬民力
형옥을 상세히 밝혀 억울한 일을 신원하게 할 것이며, 詳刑獄以伸冤枉
군정을 정비해서 국방의 수비를 엄하게 할 것이다. 修軍政以謹戰守

이 10조목에서도 공직자의 기강을 확립하고, 백성들의 부역·형옥과 관련된 어려움을 해결하고, 국방을 튼튼히 하여 민생의 안정을 꾀할 여러 방안을 제시하였다. 뒤에 여러 차례 자리를 옮겨 1585년(선조 18) 성균관사성·홍문관부교리 겸 춘추관기주관을 역임하였다. 1585년(선조 18) 7월 홍문관부교리로 있을 때 「청금동성통혼계請禁同姓通婚啓」를 올렸는데, 이는 동성끼리의 혼인이 늘어나는 경향을 우려하여 동성혼을 엄격히 금할 것을 청한 것이다. 풍속을 해치는 데 이보다 더 큰 것이 없으므로 동성끼리의 혼인을 금할 것을 주청하자, 조정에서 한때 찬반론이 격렬했다고 한다. 또 주현에서 거행하는 큰 규모의 제사를 태만하게 지내기도 하자, 「청칙주현사전계請勅州縣祀典啓」를 올려 주현의 수령들이 제사를 정성스럽게 지내도록 그 절차와 의식을 정비할 것을 건의하기도 하였다. 11월에는 사간원사간에 임명되었다. 12월에는 승정원동부승지 겸 경연참찬관 겸 춘추관수찬관을 지냈다.

임연재가 명에서 귀국한 후 1587년(선조 20) 9월 18일에 우승지를 제수받았는데, 명나라 사행에서 병을 얻어 아직 쾌차하지 못한 상태여서 부임하지 못하였다. 귀국하고 한 달밖에 되지 않은 10월 10일에 외직인 황해도관찰사를 제수받았다. 당시 황해도 일대에 큰 흉년과 돌림병이 돌아 조정에서는 백성을 구휼하고 다스릴 적임자가 임연재라 하여 그를 황해도관찰사로 임명한 것이다. 백성들의 어려움을 외면하지 못하여 병이 있는 몸이지만 부임하였다.

임지에 도착한 임연재는 조정에 청하여 호남 지역 곡식 7,000섬과 호서 지역 곡식 8,000섬을 지원받아 각지에 배급소를 마련하고 기민들에게 배급했다. 한편 조정에 보낼 세금인 곡식을 저장하던 금곡창金谷倉을 열어 배급하는 등 동분서주한 끝에 기민 구제는 어느 정도 가능했지만, 과로로 인해 건강은 더욱 악화되었다. 재령과 봉산의 둔전屯田을 감사해 수확량을 평등하게 분배하였고, 가렴주구의 폐해를 막는 등 백성 구휼을 위해 최선을 다했다.

이후 기아에서 소생한 백성들이 집에 목패를 만들어 두고 임연재에게 절을 했다고 한다. 마침 해주목사 이응기李應麒가 이를 목격하고 무엇이냐고 물으니, 관찰사의 선정을 기리는 패인데, 보릿고개에 만일 관찰사가 곳간을 열지 않았다면 지금 우리들은 이미 죽은 사람일 것이라고 대답했다고 한다. 이 시절의 임연재에 대해 서애도 "황해도에 있을 때는 창고를 열어 굶주린 백성을 구휼함에 있어 구획과 조리가 극진하였으므로, 이에 힘입어 살게 된 사람은 그 수를 헤아릴 수가 없다."라고 하였다.

황해도를 순회하며 한창 굶주린 백성들을 구휼하고 있던 때, 조정으로부터 뜻밖의 소식을 전해 듣게 되었다. 소문의 진상을 조사한 결과 임연재의 진사사가 중국에 바칠 보환寶環을 분실하였는데, 대도大盜 이산李山이 임연재가 대동하고 간 하인 양승개梁承凱와 공모하여 보환을 훔쳤음이 드러난 것이다. 소식을 들은 임연재는 즉각 사직소를 올렸으나 선조는 "위인이 충직하니 틀림없이 속이거나 변명하지는 않을 것이므로 이 일은 더 이상 문제 삼지 말라."며 구황을 위하여 애쓰고 있는 방백方伯을 교체할 수는 없다고 거절했다고 한다. 그러나 임연재로서는 자신이 거느리고 간 하인이 국가의 보물을 훔쳐 내어 팔아먹었으니, 정치적·도의적 책임을 지지 않을 수 없었던 것이다. 황해도에 부임한 지 두 달 만에 터진 이 사건 때문에 임연재는 감당할 길 없는 심적 타격을 받은 상태에서 과중한 업무로 인한 과로까지 겹쳐서 건강이 더욱 악화되었다. 병이 심해져 사직을 청했으나 허락되지 않았다.

병이 악화되어 아들이 사직을 권하자, 임연재는 "사람이 반드시 처자 앞에서 죽어야 마음이 편한가? 내가 이미 조정에 몸을 맡겼으니, 비록 직무를 수행하다 죽더라도 꺼릴 것이 무엇인가? 사람의 명이 있는데 어찌 벼슬이 갈린다고 하여 목숨을 보존할 수 있겠는가? 임금님이 이미 허락하지 않았는데, 어찌 감히 번거롭게 할 수 있겠는가."라고 하였다.

또 아들이 쇠고기가 원기를 돕는다는 말을 듣고 이를 구해 올리니 물리치면서, "한 지방의 법을 집행하는 관리로서 어찌 금하는 고기를 먹을 수 있느냐? 애비를 불의의 함정에 빠뜨리지 말라."고 하였다. 임연재의 『황해도일기黃海道日記』에는 윤6월 24일부터 '부좌不坐'라 기록되다가, 결국 7월 초하루 청단역靑丹驛에서 돌아가셨다. '부좌'는 병이 심해 관아에 나아가 사무를 보지 못했다는 뜻이다.

▲ 임연재 묘소(영남문화연구원 제공)

▼ 서애가 비문을 지은 임연재 신도비와 비각(영남문화연구원 제공)

이처럼 임연재는 공과 사를 엄격하게 구분하는 삶을 살았다. 마침내 더 이상 거동하기도 불편할 지경이 되자 사직이 허락되었다. 그리하여 1588년(선조 21) 6월 29일 해주감영을 떠나 고향으로 돌아가는 길에 올랐는데, 이틀 만인 7월 초하루 해주 청단역에서 55세를 일기로 사망하였다. 임연재가 세상을 떠났다는 소식이 전해지자 선조는 제문과 예관을 보내어 임진강변에서 치제致祭하게 하였다.

임금은 그의 충절을 가상히 여겨 상여를 하사하였고, 관군이 고향집이 아닌 선영이 있는 봉화까지 상여를 모셨다. 임연재의 상여는 한 달 만에 고향의 재사齋舍에 도착하였고, 상례에 따라 다시 한 달이 지난 9월 25일에 봉화 유록 선영에 있는 호애산虎崖山 기슭에 묻혔다. 신도비명은 서애 류성룡이 짓고, 묘갈명은 월사 이정귀李廷龜가 지었다.

조선 중기 명재상이자, 퇴계 문하의 동문 후배인 서애는 임연재의 신도비명 끝부분에 "하늘에서 얻은 것이 바탕이 아니랴? 자기 몸에 이룬 것이 학문이 아니랴? 이름을 드러내는 때가 아니었던가? 이 모든 것을 온전히 갖기란 심히 어려운 일이지만, 장차 크게 쓰임이 있을 것인데, 어찌 여기에 그치고 만다는 말인가? 그 베풂을 다하지 못했지만 오히려 남은 경사가 있음을 이 명시銘詩에서 징험하리라."라고 하면서, 임연재의 죽음을 애통해 하였다.

그 후 임금으로부터 하사받은 상여는 도목촌에서 공용으로 사용하였고, 임연재가 평소에 타던 사인교는 종택에 가보로 전해져 내려왔다. 안동댐 건설로 수몰될 종택을 안동시 송천동으로 이건할 때, 상여는 이미 너무 훼손되어 옮길 수 없었고, 사인교는 옮겼으나 역시 많이 훼손되어 제 기능을 할 수 없는 정도였다.

백성을 걱정한 목민관
임연재

4 불천위로 추존되다

임연재가 삭직된 후에 아들 금역당이 간절한 신원소伸冤疏를 올렸는데, 마침내 이것이 받아들여져 1594년(선조 27) 관작이 회복되었다. 관작이 회복된 후 금역당은 1595년(선조 28) 종계변무의 공신에 책록해 줄 것을 상소하였고, 또 광국공신 1등으로 녹훈된 윤근수尹根壽 등도 임연재를 공신으로 녹훈해 주기를 계청하였다. 이 일의 처리에 대한 명을 받은 충훈부에서는 이미 복직의 은전을 받았으므로 공신으로 추록하는 것이 마땅하나, 충훈부에 문서를 제출한 연후 다시 논의하는 것이 좋을 것 같다고 보고하였다. 결과적으로 원종공신原從功臣에는 책록되고, 친훈신親勳臣에는 책록되지 못하였다. 25년간 국가를 위하여 신명을 바

쳤고 분골쇄신해 큰 업적과 공훈을 세웠음에도, 하인 한 사람을 잘못 데리고 간 실수로 회복될 수 없는 타격을 받았으니 안타깝다고 아니할 수 없다.

임연재가 남긴 큰 공적 네 가지는 뛰어난 외교력으로 종계를 바로잡은『대명회전』종계 초본을 받아와 조정의 큰 난제를 해소시킨 일, 신사무옥 판결에서 사회정의를 실현하는 명판결을 한 일, 황해도관찰사로 있으면서 병든 몸으로도 객사할 때까지 도민의 구황에 전력한 일, 오래 재임하지는 않았지만 도산서원 초대 상임유사와 성균관대사성을 지내면서 교육에 힘쓴 일을 들 수 있다.

종계변무는 조선 전기 최대의 난제였는데, 조정에서 여러 차례 명에 보낸 사신의 노력이 집성되어 완수된 일이었다. 임연재는 그 난제가 해결된 결과인『대명회전』의 수정된 초고를 입수해 왔다. 아직 인쇄되지 않은 원고를 외국에 보낸다는 것은 매우 어려운 일인데, 이를 입수했다는 것은 그가 외교에도 상당한 능력이 있었다는 뜻이다.

신사무옥으로 억울하게 멸문된 안당 후손의 재판을 할 때 명판결을 해서 억울한 사람이 없게 한 것, 황해도관찰사로서 병든 몸으로도 사망에 이를 때까지 도민의 구황에 전력한 것은 애민사상에 기초한 투철한 목민관의 정신을 실천한 것이다.

또한 성균관대사성을 지냈고, 도산서원의 상임유사도 지냈다. 두 교육기관은 오늘날로 치면 국립대학과 사립대학이라 할 수

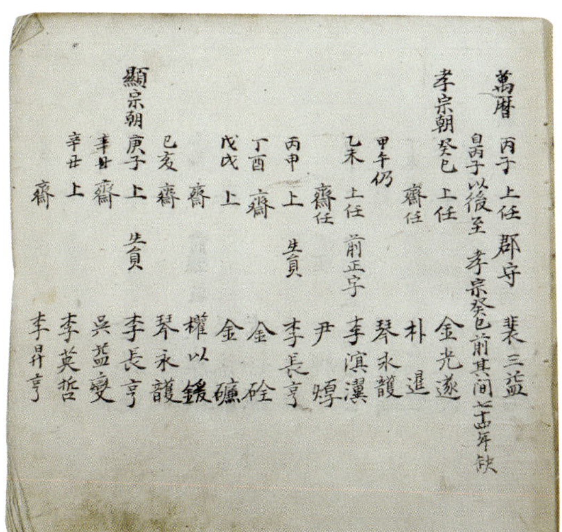

『도산서원 전임안』

있는데, 두 대학의 총장을 지낸 것으로 볼 수 있다. 임연재는 도산서원의 설립에도 관여하였고, 그 첫 상임유사로서 서원이 영원토록 전승될 수 있는 기반을 닦은 공로가 있다. 이런 여러 공로들이 인정되어 불천위로 추존된 것이다.

그리고 임연재는 흥해배씨 문중의 일에도 큰 족적을 남겼다. 임연재는 1588년(선조 21) 윤6월 『곡강보첩曲江譜牒』의 편찬을 완료하였다. 『곡강보첩』은 부친 증참판공이 가문에 보첩이 없음을 걱정해 임종(1573) 때 아들 임연재에게 완성할 것을 명한바, 그 후 15년간 틈틈이 자료를 수집하여 완성한 것이다. 임연재는 1588년(선조 21) 임종을 앞둔 시기에 그동안 작성해 둔 원고를 2부 필사하게 해서, 1부는 안악安岳에 있는 일가에게 보내고 1부는 가장家藏하였다. 검교장군 배경분을 시조로 하는 흥해배씨 최초의 족보이다.

임연재가 황해도에서 행한 공무의 일기인 『황해도일기黃海道日記』도 전해지고 있다. 일기를 보면 윤6월 24일부터 일어나 앉을 수 없어 공무를 집행할 수 없다는 뜻의 '부좌不坐'라는 말이 보이더니, 29일 사직에 대한 왕의 윤허가 내려졌다. 병이 깊어지자 사직을 청했으나 받아들여지지 않아 결국 일어나 앉을 수 없는 상태에 이르러서야 사직이 허락되었다. 사직하고 해주감영을 떠난 지 3일 만에 청단역에 도착한 후 곧 운명하였다. 이 일기는 필사본이 몇 종 있는데, 종가에 수장되어 있는 필사본은 전체가 한 필체가 아니다. 특히 7월 1일 '미시도청단역불행未時到靑丹驛不幸'이

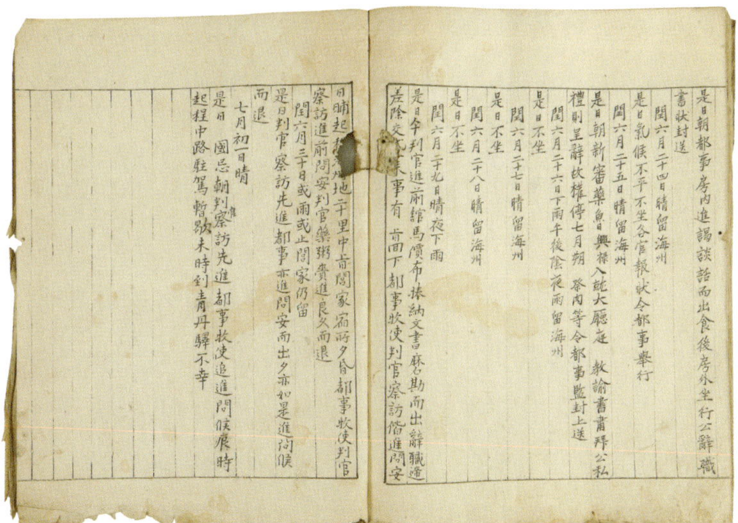

『황해도일기』(임연재종가 제공)

란 사망 기사도 앞과 같은 필치로 기록된 것으로 보아 후에 정서된 것으로 보인다.

임연재가 남긴 시문은 1855년(철종 6) 정재定齋 류치명柳致明의 서序를 붙여 간행한 『임연재선생문집臨淵齋先生文集』 6권에 수록되었다. 임연재가 여러 차례 사직소를 올린 바 있으나 문집에 수록되지 않았고, 불천위로 추존된 경위도 수록되지 않은 것으로 보아, 써 놓은 글 가운데 상당수는 멸실된 것으로 보인다. 이때 빠진 일부는 1991년 문중에서 간행한 『임연재선생문집습유臨淵齋先生文集拾遺』에 실렸다.

임연재의 고매한 학덕과 인품을 기리는 종인과 유지들이 뜻을 모아 1985년, 수몰된 도목의 종택 옛터 낙동강을 내려다보는 절벽 검암 위 임연대臨淵臺에 '임연재배선생유적비臨淵齋裵先生遺蹟碑'를 세웠다. 이 비는 세세토록 이곳이 흥해배씨 터전이었던 도목촌임을 증명할 것이다.

조선시대 사대부는 학문, 교육, 문학, 그리고 정치 방면에서 주로 활동하였다. 이 가운데 대표적인 학자로는 정도전, 이황, 이이, 정약용 등을 들 수 있다. 임연재는 퇴계 이황의 제자로서, 문집을 남기기는 하였지만 학문이나 문학에 전념한 문사는 아니었다. 또 너무 일찍 사망하여 제자를 훈도할 겨를이 없었을 것이다. 생애의 대부분 관직에 있으면서 경세제민의 포부를 실천한 목민관의 길을 간 대표적 관료였다. 그가 제출한 「시무십조時務十條」에서 볼 수 있는 바와 같이, 성학을 바탕으로 백성을 위한 정치

물속에 잠겨 섬이 된 임연대. 중앙에 임연재배선생유적비가 보인다.(영남문화연구원 제공)

섬이 된 임연대에 세운 임연재배선생유적비(임연재종가 제공)

를 실천하고자 한 편이었다.

임연재는 내직에 있을 때는 정론을 펴고자 노력하였고, 외직에 있을 때는 민생을 돌보는 데 진력하였다. 이는 관리의 임무이지만 이를 실천하는 것은 결코 쉬운 일이 아니다. 정론을 펴다가 반대파의 모함을 받을 수도 있고, 민생의 편의를 위해 민폐를 개혁하는 것은 조세 수입 감소와 직결되는 문제여서 역시 반대가 생길 수밖에 없다. 그러나 임연재는 모두가 꺼리는 송사련의 위훈을 삭제할 것을 계청해 윤허를 받았다. 이는 임연재가 강직하고 사심이 없다는 것을 인정받고 있었기 때문에 가능한 일이었을 것이다.

제3장

장서지가藏書之家를 이룩하다

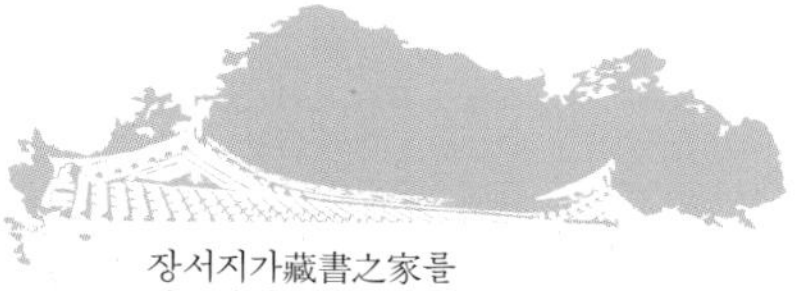

장서지가藏書之家를
이룩하다

1 조선 최고의 장서목록을 통해 본 종가의 장서

임연재는 목민관의 삶을 살면서 서적 수집에도 상당한 열정을 가졌던 것으로 보인다. 여기서는 종가에서 수집한 서적과 문서, 임연재 부자의 유품과 관련된 사항을 살펴보기로 한다.

임연재는 조선 중기의 대표적인 장서가였다. 문인이나 학자에게 책보다 중요한 것이 있을까? 문인과 학자는 당연히 장서가로서의 1차적인 자격을 갖춘 셈이다. 그러나 문인이나 학자라고 해서 모두가 장서가는 아니다. 장서가란 특별히 책에 애정을 가지고 지속적으로 수집하고 보관하고 열독하는 데 노력을 기울이는 사람이다. 노력과 열정을 가지고 수집한 서적을 대상으로 서목을 작성해 두었다면, 전란이나 화재로 서적이 소실될지라도 그 장서

규모를 짐작할 수 있다. 조선 전기에 작성된 장서목록에 대해서 알 수 없는 형편인데, 다행히 여러 난관을 거치면서도 전래된 서목이 있으니, 바로 임연재가 주체가 되어 작성한 서목이다.

1) 편성한 서목

조선시대까지는 현재와 같이 서적을 손쉽게 입수할 수 있는 상황이 아니었다. 전래 서적의 축적량이 많지 않고, 상업출판이 성행하지 않아 어느 한 학자가 혼자서 평생 동안 수집해도 대규모 장서를 형성하기는 매우 어려운 실정이었다. 서적을 입수하는 첩경은 관료가 되는 것이었다. 고관이거나 청요직에 있어야 조정에서 간행하는 서적의 반사頒賜 대상이 되어 서적의 입수가 손쉬웠고, 또한 향촌에서도 유력자로서 관계망을 통해 서원이나 지방 관판본을 입수하기 쉬웠다.

그래도 여러 세대에 걸쳐 집중적으로 수집·관리·보존해야 장서라고 할 정도를 수집할 수 있었다. 장서는 누대에 걸쳐 수집하고, 후손들이 공동으로 사용하였으므로 개인문고인 동시에 가문(문중)의 문고였다. 하지만 사가장서는 그 가문과 영욕을 같이해 가문이 승승장구하면 장서를 잘 간수할 수 있지만, 경제사정이 나빠지면 장서를 유지하기 어렵게 된다. 또한 작성해 놓은 서목도 후손이 잘 보존해야 후대에 전래될 수 있었다.

우리나라에서 서적의 목록을 작성한 것은 고려시대까지 거슬러 올라갈 수 있을 것으로 보인다. 조선 1421년(세종 3) 1월 왕이 『충주사고서적부忠州史庫書籍簿』를 열람하고 봉교 정주생鄭周生을 파견하여 필요한 서적을 가져오게 하였다는 기사를 통해, 고려 조정에서도 서목을 작성했었고, 충주사고의 서목이 조선 초까지 전래되었다는 것을 알 수 있다. 조선은 이 전통을 견지해 사고 서적의 서목을 작성했으니, 곧 실록의 형지안形止案이다. 그러나 임진왜란 이전의 형지안은 대다수 인멸되었고, 현전하는 가장 오래된 국가 장서목록은 1588년(선조 21) 9월 전주사고의 실록을 포쇄한 『실록포쇄형지안實錄曝曬形止案』이다. 선조 21년도 형지안만 임진왜란 중 실록과 함께 소개했기 때문에 전래될 수 있었다.

현재까지 민간의 서목은 임진왜란 이후의 서목만 확인된 상태였다. 최고最古의 사가 장서목록은 17세기에 작성된 동춘당同春堂 송준길宋浚吉(1606–1672)의 『가장서적부家藏書籍簿』와 박세당朴世堂(1629–1703)의 『가장서적家藏書籍』으로 알려져 있을 뿐이었다. 동춘당의 『가장서적부』에는 약 400종의 서적이 수록되어 있는데, 중국본은 9종이며, 책수로는 2,000책 정도이다. 이처럼 조선 중기까지만 해도 거대 장서가의 출현은 쉽지 않은 일이었다.

그러던 차 최근에 임진왜란 이전의 장서목록이 발견되었다. 안동 임연재종가에 수장되어 있는 『책치부冊置簿; 만력십사년萬曆十四年』이 그것이다. 19.5×26.5cm 크기의 필사본이며, 임연재가 주체가 되어 1586년(선조 19)에 작성한 것으로 추정된다. 또 종택에는 1727년(영조 3)에 작성한 『외암비장畏巖秘藏』이란 장서목록도 있다. 『외암비장』은 임연재의 6대손인 월봉月峯 배집裵緝이 작성한 서목이다. 16.0×11.6cm 크기의 필사본이다. 월봉은 종택을 개축하였고, 장서목록도 새로 작성했다. 종가에는 "월봉 할배 때 큰 수재가 있어 종택을 개축하였다."라는 구전이 있다. 이 구전을 토대로 실록을 탐색했더니, 1724년(경종 4) 6월 2일에 경상도 안동安東·상주尙州 등의 고을에 큰물이 지고 메뚜기 떼 피해를 입었다는 기사를 발견할 수 있었다. 이 실록 기사로 미루어 이때 홍수로 수재를 입어 종택을 개축하고 서목도 개비한 것으로 보인다. 이 두 서목 모두 한국국학진흥원에 기탁되어 있다.

임연재는 당대에도 장서가로 알려졌다. 『선조실록宣祖實錄』을 편찬할 때 임진왜란 이전의 사초史草가 불타 공사의 사료를 널리 구해야 했고, 그래도 구하지 못한 기록이 많아 『선조실록』은 가장 부실한 실록의 하나로 꼽히고 있다. 당시 사료의 부족을 해결하기 위해 사대부의 가장일기와 문집도 대대적으로 수집했는데, 고故 감사 배삼익의 집에 병란 이전의 조보朝報가 있다고 조정에서 언급할 정도로 알려진 장서가였다. 조보는 오늘날의 관보 또는 신문에 해당하는데, 신문의 경우 날짜가 지나면 폐기하는 것이 상례이다. 당시에도 대부분의 인사들은 날짜 지난 조보를 폐기했지만, 임연재는 버리지 않고 보관했던 것으로 보인다. 이처럼 임연재는 기록에 대한 인식이 남달랐던 것으로 보인다.

또한 우복愚伏 정경세鄭經世도 금역당으로부터 『주자어류朱子語類』 전질을 빌려 간 지 5년이 지나 두 번째 반납 독촉을 받기도

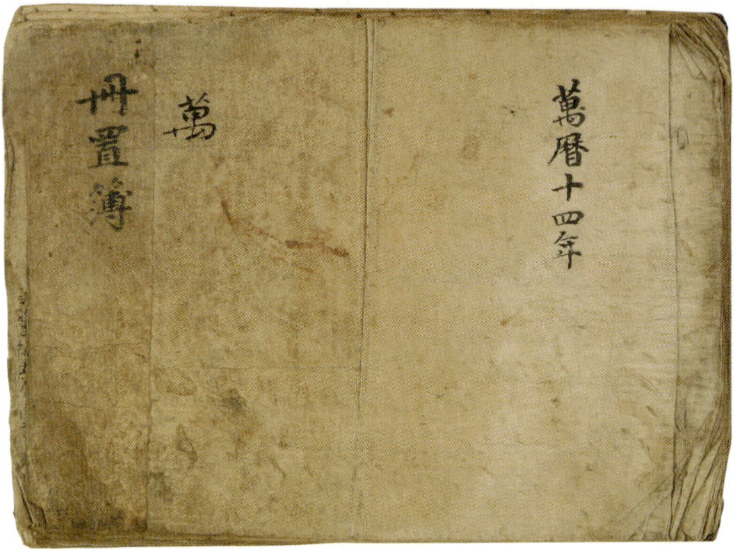

『책치부』 표지

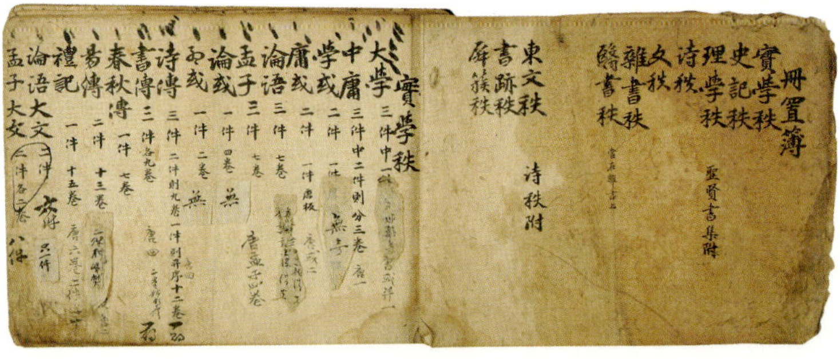

『책치부』 권두

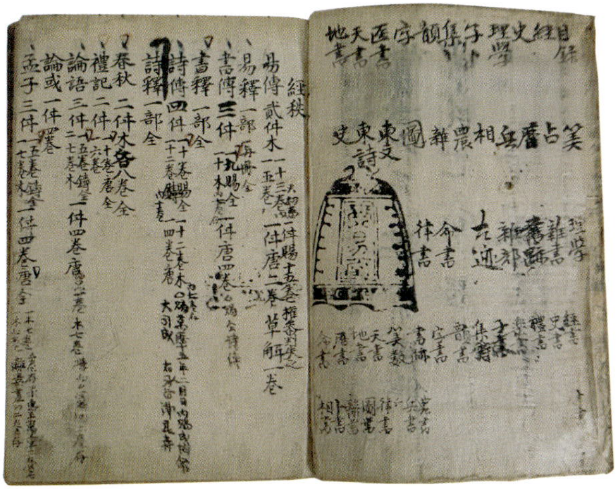

『외암비장』 권두

했다. 우복이 반납하면서 보낸 편지는 1606년(선조 39) 전후에 작성된 것으로 보인다. 한강寒岡 정구鄭逑의 문집에도 임연재의 손자 배숙전裵淑全에게 『황극경세서皇極經世書』를 빌려 달라고 청하는 편지가 실려 있다. 또 임연재의 장서목록인 『책치부』에도 한강이 『주자어류朱子語類』 75책, 『칠정산七政算』 10책, 『자생경資生經』 6책, 『문헌통고文獻通考』 83책, 『두씨통전杜氏通典』 75책을 빌려 간 것으로 기록되어 있다. 한강이 빌려 간 서적은 모두 일반적으로 쉽게 볼 수 없는 책이거나, 손쉽게 입수하기 어려운 거질의 서적이다. 이처럼 임연재의 장서는 원근에 이름이 나 있었다.

또한 서적의 장서인을 연구한 구자훈의 논문 Ⅲ장은 장서가에 대한 부분인데, 여기에는 월천 조목의 장서, 임연재 배삼익과 금역당 배용길 부자의 장서를 분석하였고, 설천정 이의활의 장서, 임청각 고성이씨 장서, 귤산거사 이유원의 장서에 대해서도 언급하였다. 이와 같이 임연재는 당시는 물론 현재까지도 훌륭한 장서가로 인정받고 있다.

『책치부』는 임연재가 사망하기 2년 전인 1586년(선조 19)에 작성되었다. 표지에 '만력십사년萬曆十四年'이란 기록이 있는데, 이때는 1586년(선조 19)이다. 2년 후 임연재가 사망하게 되므로, 그가 직접 작성했거나 자제에게 필사하게 한 목록으로 추정된다. 임연재를 작성 주체로 인정한 이유는 주자본을 감식할 수 있는 능력을 갖춘 사람이 임연재라고 보았기 때문이다. 금역당은 아직 젊고 견문이 넓지 못해 주자본을 감식할 감식안을 갖추었을 가능성이 높지 않다고 하겠다. 따라서 서목 작성자는 필체와는 상관없이 임연재가 주체였던 것이다. 『책치부』에는 종택의 책들 대부분이 그러하듯이 '금역당'이란 장서인이 날인되어 있다. 일차 작성된 이후에 입수한 자료는 추록된다.

서목의 권두에는 분류의 유목이 수록되어 있다. 당시의 일반적인 경사자집經史子集의 체계를 채택하지 않은 독자적인 분류체계이다. 권두에 경사자집에 대한 설명이 있는 것으로 보아, 사분법에 대한 이해는 있었으나 채택하지 않은 것이다. 실학질實學秩·사기질史記秩·이학질理學秩·시질詩秩·문질文秩·의서질醫書秩·잡서질雜書秩·동방문질東方文秩·동시질東詩秩·동잡서질東雜書秩·서법書法

과 같이 11개 주제로 분류되어 있다.

내용에는 주제 분류, 서명, 책 수, 복본 수, 잔존 책 수, 간행의 전후, 판종(사본·목본·주자), 중국본 여부, 대출자 정보, 서적의 입수 방법 등이 저록되어 있다. 이를 통해 장서의 규모를 파악할 수 있다. 장서 점검 기록을 통해서는 서적의 변동을 알 수 있고, 대출한 기록을 통해서는 교류관계도 유추할 수 있다.

또 다른 장서목록인 『외암비장』에도 장서인 '금역당'이 날인되어 있다. 말미의 '경상좌도안동북면도맥리오산후학금역당주인배집慶尚左道安東北面道脈里鰲山後學琴易堂主人裵緝'이란 기록을 통해 월봉月峯 배집裵緝(1710–1755)이 작성한 것으로 볼 수 있다. 권말의 기록을 종합하면 『외암비장』은 임연재의 6대손 월봉이 1727년(영조 3)에 작성한 서목이며, 선조 연간 임연재가 서적을 많이 수집해서 도합 2,882책에 이르렀는데, 그 후 많이 유실되어 현재는 1,573책만 남아 있다고 요약할 수 있다.

임연재가 주체가 되어 작성한 『책치부』는 지금까지 확인된 조선 최고의 서목인데, 당시로서는 상당히 앞선 서목이라 할 수 있다. 주제에 따라 분류해서 서목을 작성한 점, 중국본과 조선본을 구분하고, 판종으로 목판본·주자본·사본을 구분했다는 점은 당시로서는 없던 일이었다. 이런 감식안이 생긴 것은 정조 연간이 되어야 가능한 일이었다. 그런데 임진왜란 이전에 이런 서목을 작성했다는 사실은 임연재가 뛰어난 서지학자였음을 말해 주는 것이다.

2) 서적의 입수 방법

조선시대에 문인들이 서적을 입수하는 방법으로는 조상 전래, 국왕의 하사, 관각 또는 사가 간본의 수증, 지인과의 복본 교환, 송지인책送紙印冊, 간행, 직접 구입 등이 있었다. 국왕이 하사한 서책은 내사본이라 하는데, 조선조 사대부 가문에서는 이를 매우 중시하였다. 수증본은 지인이 관찰사 또는 현감 등의 관직에 있을 때 인출해서 보내온 서적이거나, 서원 또는 사가에서 간행해 보낸 서책이다. 교환본은 여분의 서적을 지인과 교환한 것이고, 송지인책본은 관청에 지물紙物·미米·면포棉布를 대납하고 입수한 서적이다. 간행본은 직접 판각하거나 또는 판각에 필수적인 여러 종류의 장인을 보유하고 있는 사찰에 의뢰해서 간행한 경우이다. 중국본은 구입해야 했고, 국내서적도 때로는 구입할 수 있었다.

종가에 전래된 두 서목을 통해 서적의 입수 방법을 알 수 있긴 하지만, 입수 경로가 기록되지 않은 서적도 있기 때문에 이를 정확하게 알 수는 없다. 따라서 조상 전래본, 교환본, 송지인책본, 간행본에 대해서는 식별할 방법이 없는 형편이다. 다만 국왕의 하사본, 관각본 또는 사가 간본의 수증본, 구입본, 극히 일부의 편찬 또는 간행본에 대해서만 개략적인 경향을 볼 수 있다.

(1) 국왕의 하사본

임연재 문집의 「연보」에는 관직에 있을 때 하사받은 서적이 수록되어 있다. 1575년(선조 8) 5월 사간원정언 때부터 하사받기 시작하였고, 외직으로 나가 있을 때도 서적의 주제에 따라서 반사 대상이 되기도 하였다. 연보에 수록된 내사본은 20종이며, 『책치부』·『외암비장』·『청분실서목』에 수록되어 있는 서적을 합하면 모두 24종이다.

내사본으로 확인된 전래본은 1575년(선조 8) 『주자어류朱子語類』, 1585년(선조 18) 『정충록精忠錄』, 『십구사략十九史略』, 『심경부주心經附註』, 1586년(선조 19) 『중용中庸』과 『중용혹문中庸或問』 등 6종이다. 모두 고려대학교 도서관에 수장되어 있다. 이 외에 1579년(선조 12) 『가례家禮』·『삼강행실도三綱行實圖』·『이륜행실도二倫行實圖』·『손자孫子』·『오자吳子』·『진서陣書』·『진설陣說』, 1585년(선조 18) 『예부운략禮部韻略』, 1586년(선조 19) 『대학大學』·『대학혹문大學或問』·『이단변정異端辯正』, 1587년(선조 20) 『시전詩傳』·『서전書傳』·『역전易傳』을 하사받았는데, 이 14종은 아직 전래가 확인되지 않았다.

(2) 관각본 수증

『책치부』에 저록된 수증본은 8종이다. 1566년(명종 21)에는 영남감사 강상지姜尙之가 『이락연원록신증伊洛淵源錄新增』과 『이락연원속록伊洛淵源續錄』, 밀양부사 이비응李丕應이 『태사휘국문공연보太師徽國文公年譜』, 1568년(선조 1)에는 응천사凝川使로 전임된 이비응이 『수계선생교본위소주집須溪先生校本韋蘇州集』을 기증하였다. 1577년(선조 10) 호남감사 구경서具景瑞가 『신간음점성리군서구해

新刊音點性理群書句解』, 1579년(선조 12) 진주목사 이몽응李夢應이 『의려선생집醫閭先生集』을 보내왔으며, 1584년(선조 17) 호남감사 구경서가 『석천선생시집石川先生詩集』, 1586년(선조 19) 달성태수 권호원權灝元이 『수헌선생시집睡軒先生詩集』을 보내왔다. 기증받은 서적은 모두 지방관판본이며, 고려대학교에 수장되어 있다.

(3) 구입본

임연재가 구입한 서적으로 주기된 서적은 2종이다. 1570년(선조 3) 『수계선생교본위소주집須溪先生校本韋蘇州集』은 서사에서 구입하였다. 임연재는 1568년(선조 1)에 응천사로 전임된 이비응이 기증한 『수계선생교본위소주집』을 가지고 있었는데, 수증본에 없는 습유拾遺를 구해 짝을 맞추기 위해 구입한 것으로 보인다. 현재 고려대학교에 수장되어 있다.

『점필재집佔畢齋集』은 1576년(선조 9) 입수하였는데, 임연재가 풍기군수로 재임하던 시기이다. "행승行僧으로부터 얻었다.[得於行僧]" 고 했는데, 기증받은 것인지 구입한 것인지 분간하기 어렵다. 그러나 서사에서 구입한 서적도 "서사에서 얻었다.[得於書肆]"라고 주기되어 있으므로 구입으로 간주하였다. 『점필재집』은 현재 수장처를 알 수 없다.

그런데 이인영의 『청분실서목淸芬室書目』에 자신의 소유인 『점필재집』은 임연재의 구장서였다고 기록되어 있다. 학산鶴山 이인영李仁榮(1911-?)은 평양 굴지의 재산가로, 학자이며 장서가였다. 학산은 평양 자택의 서재 청분실淸芬室에 만 책 이상의 서적을 수장하고 있었다. 서울대학교 문리과 교수·문교부 고등교육국장·연희대학교 교수·고등고시위원 등을 역임했으며, 6·25전쟁 중 납북되었다. 그의 장서목록이 『청분실서목』이다. 서지학에 조예가 깊어 조선 최초의 금속활자인 계미자와 세조 연간의 을유자를 고증한 바 있다.

한편 구입본이란 주기가 없지만 구입한 것으로 추정되는 서적이 있는데, 모두 중국본이다. 『책치부』에는 당본唐本이라 주기되어 있다. 당시에는 중국책의 입수가 쉽지 않은 상황이었다. 북경에 사신으로 가는 경우에 구입해 오거나, 직접 갈 수 없기 때문에 사행에 따라가는 역관·군관·반당에게 부탁해 입수하거나, 한 다리 건너 책거간을 통해 입수하였으므로 비용도 많이 들고 시간도 많이 걸리는 일이었다. 『책치부』에는 25종의 당본이 주기되어 있다. 중국본의 일부는 책거간을 통해 입수하였을 것이고, 일부는 임연재가 1587년(선조 20) 사은사의 정사로 명나라에 갔을 때 구입한 서적으로 추정된다.

당본이라 주기된 서적 가운데 전래가 확인된 서적은 4종으로, 『좌전左傳』·『백장전百將傳』·『두시杜詩』·『진한문종秦漢文宗』이다. 모두 고려대학교 만송문고에 수장되어 있다. 전래를 확인하지 못한 것은 사서삼경, 중국사, 성리학, 중국문학 관련 서적이다. 이 중 상당수는 조선에서도 간행한 바 있다. 그런데도 중국 목판본을 구입한 것은 조선 간본 가운데 오식이 상당히 있다는 것을 인식한 까닭이 아니었을까? 임연재는 퇴계에게 『주자연보』를 고쳐 간행할 것을 건의한 후, 1567년(선조 원년) 『주자연보』를 고쳐 간행한 경험이 있기 때문이다.

(4) 편찬 또는 간행본

임연재가 간행한 서적에 대해 직접 언급한 것을 보기는 어렵다. 다만 편찬한 서적에 대한 간단한 언급은 몇 가지 보인다. 1566년(명종 21) 퇴계에게 『주자연보』를 고쳐 간행할 것을 건의한 후, 1567년(선조 원년) 『주자연보』 수정본을 퇴계에게 보낸 바 있다. 이 경우는 전면적으로 간행한 것은 아니고, 오류 부분만 판목에 매목埋木해서 수정했을 것으로 보인다.

임연재는 1588년(선조 21) 윤6월 『곡강보첩曲江譜牒』을 완성하였고, 같은 해 황해도관찰사로 재임하면서 임종 시까지 기록한 『황해도일기黃海道日記』도 있다. 이 두 서적에 대해서는 제2장에서 기술하였으므로 생략하기로 한다.

문집인 『임연재선생문집臨淵齋先生文集』은 배한주裵翰周 등 후손이 원고를 정리해 1855년(철종 6)에 간행하였다. 6권본인데, 권1~2에는 시詩, 권3에는 시詩·소疏·계사啓辭·정문呈文, 권4에는 서書·명銘·전箋·축제문祝祭文·비지碑誌·조천록朝天錄이 수록되었다. 권5는 부록으로 연보年譜, 권6도 부록으로 선묘어찰宣廟御札·교서敎書·조천별장朝天別章·사제문賜祭文·제문·가장·신도비명·묘지명·계문제자록·의청추록광국훈계擬請追錄光國勳啓가 수록되어 있다.

임연재의 장서인(구자훈 제공)(실제 크기와 정확하게 일치하지는 않는다.)

裵氏三益
「須溪先生校本韋蘇州集」

汝友
「須溪先生校本韋蘇州集」

汝友
「周易參同契」

鰲山後學
「伊洛淵源續錄」

桃村主人
「伊洛淵源續錄」

曲江裵氏三益
「新編通鑑節要」

臨淵齋章
「韓文」

山水亭
「異端辯正」

이와 같이 임연재가 수장하고 있던 서적은 내사본·구입본·기증본·편찬 또는 간행본으로 볼 수 있는데, 그 입수 방법을 알 수 있는 서적은 극소수이고, 절대다수는 입수 방법을 알 수 없다. 내사본에는 국왕이 하사할 때 검인한 '선사지기宣賜之記'가 있고, 그 외의 서적에는 임연재와 금역당의 장서인이 검인되어 있다.

임연재의 장서인은 '배씨삼익裵氏三益'·'여우汝友' 2종·'오산후학鰲山後學'·'도촌주인桃村主人'·'곡강배씨삼익曲江裵氏三益'·'임연재장臨淵齋章'·'산수정山水亭' 등이며, 금역당의 장서인은 '남용길장男龍吉章'·'금역당琴易堂'·'금이지루禁爾之樓'이다. 한장閑章으로는 '취리건곤醉裡乾坤'·'취묵醉墨' 등이 검인되어 있다. 장서인에 보이는 곡

금역당의 장서인(실제 크기와 정확하게 일치하지는 않는다.)

男龍吉章
「大宋眉山蘇氏家傳心學文集大全」

琴易堂
「聯錦詩集」(구자훈 제공)

禁爾之樓
「大宋眉山蘇氏家傳心學文集大全」

강과 오산은 관향인 흥해의 옛 명칭이다.

3) 서적의 관리 방법

종가에서는 장서를 잘 보관하기 위해 장서 점검도 한 것으로 보인다. 『책치부』에 수록된 서명의 위아래에 점이 찍혀 있는 것은 장서를 점검한 표시이다. 점검 결과 분실되었거나, 차람되었으나 반납되지 않아 현품이 없는 서적에는 그 책 수와 이유를 기재하기도 하였다. 서명 아래에는 점검한 결과를 나타내는 표현으로 부질不秩, 전全, 무無, 책 수의 차이, 진상進上, 대출자와 책 수 등이 저록되어 있다. 그러나 기록이 없어 점검 회수와 점검 시기는 알 수 없다.

임연재종가에 수장되어 있던 서적을 후손이 종가에 와서 열람하거나 빌려 볼 수 있었을 것이고, 가까운 후손이나 자주 드나들어 친밀한 경우에는 빌려 가기도 하였을 것이다. 전체적으로 차람된 기록이 있는 서적은 141종이었다. 서적을 빌려 간 것으로 확인되는 인물은 모두 72명이 넘으며, 35명은 미상이다. 이 가운데 가장 많은 서적을 빌려 간 순서대로 보면 개인으로는 희지希之 7종, 사수士修와 박성주朴城主 각각 5종, 한강寒岡 정구鄭逑(1543-1620) 4종, 나머지는 한두 종이고, 가문으로는 천전김씨가川前金氏家에서 빌려 간 책이 모두 11종이다.

차람한 족내 인물은 희지, 사수, 숙?叔?, 외구外舅, 국암숙菊岩叔, 지숙止叔 등이다. 희지는 임연재의 맏사위 이유성李惟聖으로 보인다. 천전김씨 가문을 세분하면 김도사金都事 2종, 김내한金內翰 2종, 교리급암校理及岩 3종, 김내한경백金內翰京伯 4종이다. 김내한과 김내한경백은 동일인일 수도 있는데, 동일인이라면 모두 6종을 차람한 것이다. 천전김내한경백川前金內翰京伯은 숙종 연간 활동한 김세호金世鎬(1652-1722, 자는 경백京伯, 호는 귀주龜洲)일 가능성이 있다. 그는 1690년(숙종 16) 문과에 급제하고, 예문관검열과 병조정랑 등을 역임하였다. 그렇다면 차람해 간 정축년은 1697년(숙종 23)일 것이다.

인물의 성명이 불완전하게 저록되어 있어서 인물을 일치시키는 데는 곤란한 점이 많다. 분명하게 지칭된 차람자 가운데 권호문權好文, 권동필權東弼, 남옥南砡, 박록朴漉은 임연재와 동시대 인물이며, 고용후高勇厚, 신지제申之悌, 정시형鄭時亨 등은 조금 뒤의 인물이다. 한강 정구는 임연재의 손자 배숙전裵淑全에게 서적을 빌려 보았다.

『책치부』에 저록된 바 한강이 차람한 서적은 『주자어류朱子語類』 75책, 『칠정산七政算』 10책, 『자생경資生經』 6책, 『문헌통고文獻通考』 83책, 『두씨통전杜氏通典』 75책이다. 한강이 빌려 간 서적은 모두 일반적으로 쉽게 볼 수 없는 책이거나 거질의 서적이다. 편지에는 나타나지만 『책치부』에는 저록되지 않은 책도 있는 것으로 보아, 한강이 빌려 간 서적은 더 있었을 수도 있다. 한강의 문집에 임연재의 손자 배숙전에게 『황극경세서皇極經世書』를 빌려 달라고 청하는 편지가 실려 있는 것을 볼 때 『책치부』에는 『황극경세서』가 누락되었다.

『책치부』에 천전김교리급암川前金校理及岩이 『주자이류』를 차람했다는 기록은 있으나, 다른 인물의 차람 기록은 보이지 않는다. 그러나 우복愚伏 정경세鄭經世의 문집에는 금역당에서 『주자어류』 전질을 빌려 간 지 5년이 지나 두 번째 반납 독촉을 받고 반납하면서 보낸 편지가 있다. 이로써 실제 임연재종가의 서적을 차람한 인물은 『책치부』에 저록된 것보다 훨씬 더 많았을 것으로 추정된다.

임연재종가의 두 서목을 통해 임연재와 그 후손들이 가문의 장서를 유지하고 발전시키기 위해 많은 노력을 기울인 것을 알 수 있다. 차람 기록을 통해서 임연재 장서가 백죽당 문중의 장서였을 뿐만 아니라 영남 지방의 장서 역할을 한 것을 볼 수 있다.

나아가 『책치부』를 통해 당시 지역의 사대부 가문과의 교류관계도 파악할 수 있었다. 임연재에 수장되어 있던 서적은 조선 후기에 원근의 선비들에게 열람되기도 하고 대출되기도 하여 학문 발전에 큰 기여를 하였다.

4) 특징적인 서적

원근에 알려진 장서였던 임연재종가의 장서에는 조선시대에도 지인에게 대출했다가 회수하지 못한 서적이 일부 있었다. 그러나 일제강점기부터 산실散失되기 시작하였으며, 1960~1970년대에 간수를 엄중하게 하지 못해 또 유출되어, 각급 도서관과 개인에게 산재되어 있는 형편이다. 그 가운데 대표적 서적 몇 종만 살펴보기로 한다.

귀중한 서적이 외부로 유출된 것에 대해 종가에서 애석해하는데, 그중에서도 가장 안타까워하는 서적은 1360년(공민왕 9)에 간행한 목판본 『제왕운기帝王韻紀』와 『동안거사이공문집動安居士李公文集』이다. 이 책은 고려 후기 문신인 이승휴李承休가 저작한 서적으로, 원래 합철되어 있었는데 현재는 분리되어 있다. 『제왕운기』는 우리나라와 중국의 역사를 운율시로 서술한 역사서이며, 『동안거사이공문집』은 이승휴의 시가와 산문을 엮어 간행한 시문집이다. 이 서적의 장서인은 도려내어져 볼 수 없다. 이 서적은 어떤 경로를 거쳐 당시 고등보통학교에서 교편을 잡고 있던 해원海圓

황의돈黃義敦(1890–1964)의 장서가 되었다. 해원이 입수한 시기는 1938~1939년으로 보인다. 당시에 종가에서는 이 책을 되찾기 위해 소송을 했으나, 찾는 데 실패했다고 한다. 1939년 조선고전간행회에서 이 서적을 영인하였는데, 나카무라 히데타카(中村榮孝)가 쓴 해설문에 "선조 연간 임연재 배삼익 선생의 비장서였으나 지금은 황의돈의 장서"라고 쓰여 있다. 해원이 사망한 후 재직하고 있던 동국대학교에 들어가 동국대학교 장서가 되었다.

실제로 "지정이십년(1360) 경자오월일동경개판至正二十年庚子五月日東京開板"이란 간기가 있는 동국대학교 수장의 『제왕운기帝王韻紀』는 보물 제895호로 지정되어 있다. 보물로 지정될 수 있는 서적이 유출되었다는 사실보다 더 중요한 것은 입향조 백죽당과 이후 누대 선조의 손때가 묻은 서적이 유출되었다는 점이다. 종가에서 이 서적을 입수한 시기는 백죽당의 선조 때 또는 늦어도 백죽당 당대였을 것으로 보인다. 왜냐하면 백죽당의 선조는 고려 말까지 개성에서 관직에 있었고, 백죽당은 조선 건국과 함께 은거하였기 때문이다. 이 서적은 백죽당 이후 대대손손 간직해 온 서적인데, 책만 도둑맞은 것이 아니라 가문의 역사 한 토막을 도둑맞은 셈이다.

백죽당이 낙남한 직후에는 현달한 관인이 없었기 때문에 조선 초에 간행된 서적은 입수하기 어려웠을 것으로 보인다. 선초의 서적은 그다지 많지 않은 것으로 미루어 대다수의 서적은 임연재가 수집한 것으로 볼 수 있다. 임연재가 명종 말에 문과에 급제하였기 때문에 수집한 서적은 대개 중종 연간부터 선조 연간에 제작된 서적들이다. 그 가운데 몇 종만 살펴보기로 한다.

『제유표제주소소학집성諸儒標題註疏小學集成』은 주희가 편찬한 『소학小學』에 대한 여러 유학자의 주석을 망라해서 명의 하사신何士信이 집록한 서적이다. 1436년(세종 18) 갑인자로 인출한 10권5책본이며, 갑인자본 완질의 전래본으로는 유일한 것으로 파악되고 있다. 갑인자는 1434년(세종 16)에 주조한 활자로 우리나라 동활자의 백미인데, 이 책은 갑인자 주조 후 3년 만에 인출되어 판면이 매우 미려하다. 고려대학교 만송문고에 수장되어 있으며, '금역당'이 검인되어 있다.

『당시고취唐詩鼓吹』 10권은 성종 연간 갑인자로 인출한 서적이다. 금나라의 원호문元好問이 편찬하고, 원의 학천정郝天挺이 주석한 당나라 칠언율시 선집이다. 이 선집에는 초당과 성당의 시인 작품도 있지만 대개 중당과 만당의 시인 작품으로, 96명의 작품 596수가 수록되어 있다. 고려대학교 만송문고에 '임연재장'이 검인된 완질이 수장되어 있다. 『당시고취』의 완질은 만송문고에만 수장되어 있고, 이 외는 잔본이다.

『대송미산소씨가전심학문집대전大宋眉山蘇氏家傳心學文集大全』은 송을 대표하는 시인 소순蘇洵·소식蘇軾·소철蘇轍 3부자의 글 가운데 시는 제외하고, 주로 책策·논論·해解 등 문장만 모은 70권본이다. 약칭해서 『삼소문집三蘇文集』이라고 한다. 1516년(중종 11) 주자도감에서 주조한 병자자로 인출한 활자본인데, 전래본이 드물다. 국립중앙도서관에 임연재 구장의 완질이 수장되어 있다. 이 시기 거질의 서적으로 완질이 전래되는 경우는 그리 흔하지 않아, 고려대학교 3책, 호림박물관·한국학중앙연구원·구舊 성암고서박물관에 각각 잔본 1책이 확인될 뿐이다.

국립중앙도서관에 수장되어 있는 임연재 구장본 『삼소문집』은 70권 완질이다. 주인 또는 묵인의 장서인이 여럿 검인되어 있다. 인문印文 가운데 상당수는 선명하지 않아 판독할 수 없을 정도지만, 일부는 판독이 가능하다. 오른쪽 사진을 보면 권40의 권두에는 서미에 걸쳐 '임연재장'이 묵으로 검인되어 있고, 아래 변란 내에 '산수정', '금역당', '곡강배씨삼익曲江裵氏三益'이 검인되어 있는데, '곡강배씨삼익'은 판독하기 어려울 정도이다. 서문에는 위에서부터 '곡강배씨삼익', '취묵醉墨', '여우汝友', '금이지루禁爾之樓', '남용길장男龍吉章' 등이 주인으로 검인되어 있다.

『이락연원속록伊洛淵源續錄』과 『이락연원록신증伊洛淵源錄新增』도 들 수 있다. 앞서 1173년(건도 9) 주희가 송대 이학가 주돈이周敦頤·정이程頤·정호程顥·장재張載·소옹邵雍과 그 문하생 46인의 언행을 기록해 도통을 드러내고, 송대 도학의 연원과 전승을 밝힌 『이락연원록伊洛淵源錄』 14권본을 편찬했다. 서명의 '이락伊洛'은 낙양 부근의 두 강인 이천伊川과 낙수洛水를 말하는데, 정이와 정호 형제가 이곳에서 강학했기에 형제를 지칭한다. 주자의 『이락연원록』을 명대의 사탁謝鐸이 속찬한 책이 『이락연원속록』이다. 주자를 중심으로 주자 학문의 근원인 나종언羅從彥부터 시작해

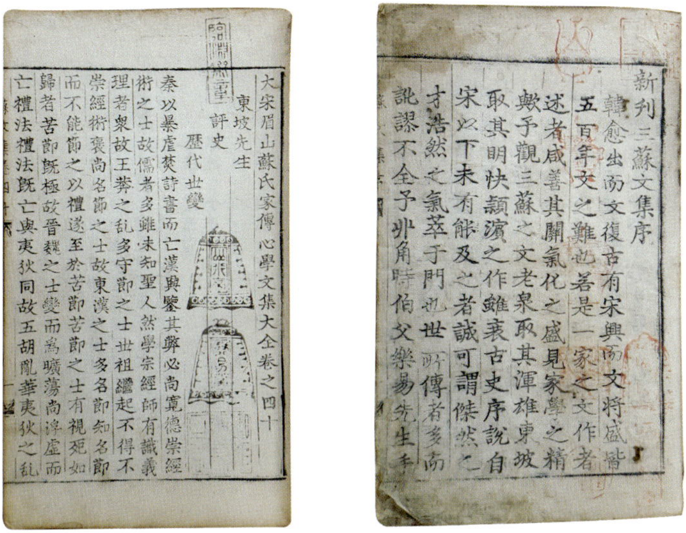
大宋眉山蘇氏家傳心學文集大全卷之四十
東坡先生
評史
歷代世變
秦以暴虐焚詩書而亡漢興鑒其弊必尚寬德崇經
術之士故儒者多雖未知聖人然學宗經師有識義
理者衆故王莽之亂多守節之士世祖繼起不得不
崇經術褒尚名節之士故東漢之士多名節知名節
而不能節之以禮遂至於苦節苦節之士有視死如
歸者苦節既極故晉魏之士變而爲曠蕩尚浮虛而
亡禮法禮法既亡與夷狄同故五胡亂華夷狄之亂

新刊三蘇文集序
韓愈出而文復古有宋興而文將盛
五百年文之難也若是一家之文作者
述者咸善其闢氣化之盛見家學之精
歟予觀三蘇之文老泉取其渾雄東坡
取其明快穎濱之作雖衷古史序說自
宋以下未有能及之者誠可謂傑然之
才浩然之氣萃于門也世所傳者多而
訛謬不全予丱角時伯父樂易先生手

『대송미산소씨가전심학문집대전』

주자의 친구인 장식張栻과 여조겸呂祖謙을 기술하고, 주자를 계승한 하기何基와 왕백王柏 등을 수록한 것이다. 『이락연원록신증』은 명대의 양렴楊廉이 증보하여 편찬한 14권본이다. 체제는 『이락연원록』을 따르면서 앞에 주자의 원문을 수록하고, 뒤에 증보한 내용을 수록하였다. 이들 연원록은 조선에서 주자학의 정통을 중시하여 그 토대를 공고히 하고, 학문의 지평을 넓히는 데 유용한 자료였다.

이 두 서적은 1566년(명종 21) 경상감사 강상지姜尙之가 기증한 목판본이다. 두 서적은 구암龜巖 이정李楨이 1562년(명종 17) 판각

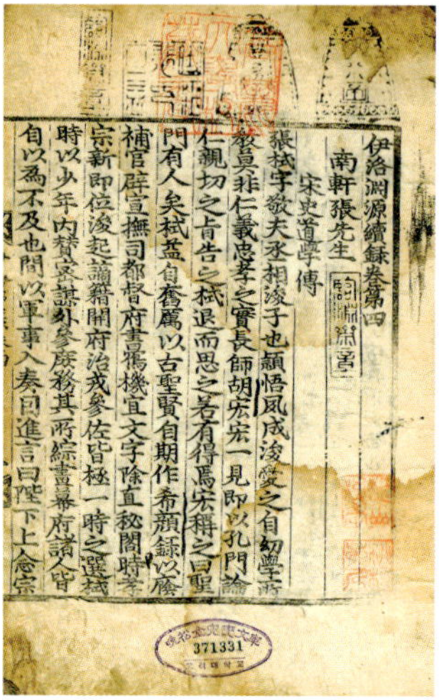

『이락연원속록』(구자훈 제공)

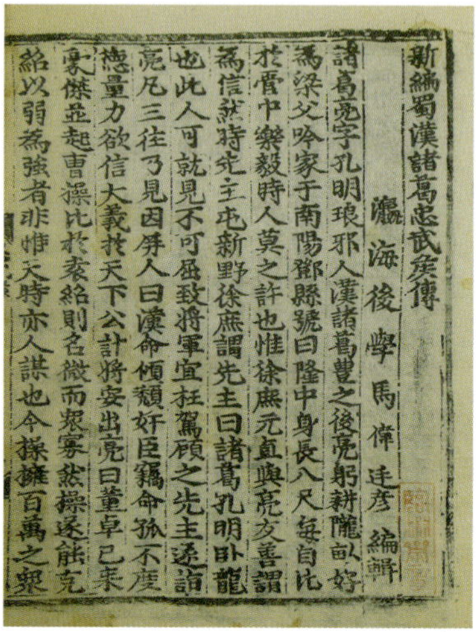

『신편촉한제갈충무후전』

한 책으로 추정된다. 왼쪽 사진을 보면 서미에는 '임연재장', '산수정', '곡강배씨삼익', '금역당'이 묵인으로 검인되어 있고, 하방의 변란 안에 드물게 사용된 임연재의 '오산후학鰲山後學'과 '도촌주인桃村主人'이 붉은 인주로 검인되어 있다.

『신편촉한제갈충무후전新編蜀漢諸葛忠武侯傳』은 4권본이며, 명의 마위馬偉가 편찬한 제갈량의 전기이다. 제갈충무후는 제갈량諸葛亮인데, 자는 공명孔明이다. 제갈량은 후한 말 유비劉備를 도와 촉한蜀漢을 건국하는 제업을 이루었기에 중국 역사에서 지략과 충의의 전략가로 추앙받는 인물이다. 1495년(연산군 1)에 간행한 목판본이 한국학중앙연구원과 계명대학교에 각각 1책이 수

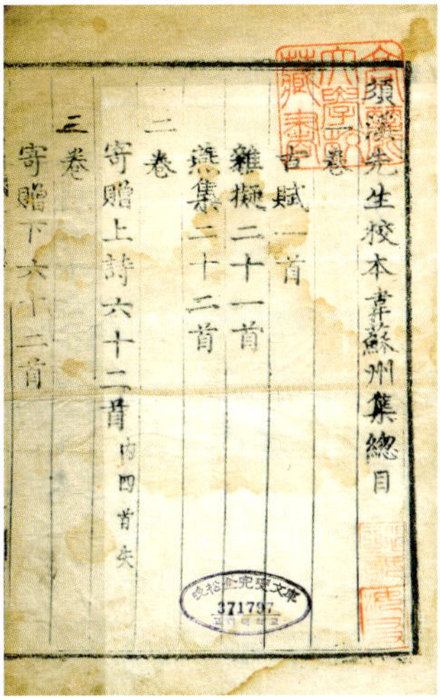
須溪先生校本韋蘇州集總目
一卷
古賦一首
雜擬二十一首
燕集二十二首
二卷
寄贈上詩六十二首 内四首失
三卷
寄贈下六十二首

『수계선생교본위소주집』(구자훈 제공)

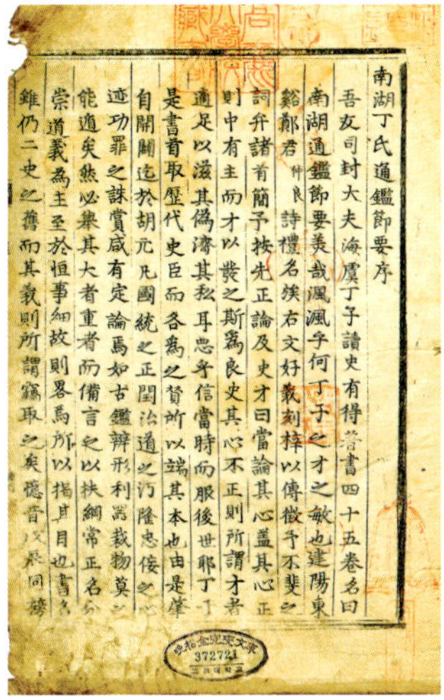
南湖丁氏通鑑節要序
吾友司封大夫海虞丁子讀史有得著書四十五卷名曰
南湖通鑑節要美哉渢渢乎何丁子之才之敏也建陽東
谿鄭君仲良詩禮名族右文好義刻梓以傳徵予不斐之
詞弁諸首簡予按先正論及史才曰當論其心蓋其心正
則中有主而才以發之斯爲良史其心不正則所謂才者
適足以濟其僞濟其私耳惡乎信當時而服後世耶丁子
是書首取歷代史臣而各爲之贊所以端其本也由是肇
自開闢迄於胡元凡國統之正閏治道之汚隆忠佞之心
迹功罪之誅賞咸有定論焉如古鑑辨形利器裁物莫之
能遁矣然必舉其大者重者而備言之以扶綱常正名分
崇道義爲主至於恒事細故則畧焉所以揭其目也書名
雖仍二史之舊而其義則所謂竊取之矣德音[illegible]同[illegible]

『소미가숙점교부음통감절요』(구자훈 제공)

장되어 있으며, 두 책 다 '임연재장'이 검인되어 있다.

『수계선생교본위소주집須溪先生校本韋蘇州集』은 당의 시인 위응물韋應物(737-?)이 지은 시를 송의 유진옹劉辰翁이 교정한 책이다. 위응물은 소주자사蘇州刺史를 지내면서 선정을 베풀었기에 위소주韋蘇州라 불린다. 성품이 고결한데 시 역시 그와 같고, 도연명과 비슷하여 도위陶韋라고 불리기도 한다. 유진옹은 남송의 저명한 애국시인이며, 일생 창작활동과 문학비평에 종사하였다. 목판본은 1568년(선조 1) 응천사凝川使 이비응李丕應이 기증한 책이고, 갑인자본은 기증본에는 빠진 습유拾遺로, 임연재가 1570년(선조 3) 구입한 책이다. 갑인자본에는 장서인으로 '임연재장', '배씨삼익',

‘여우’가 검인되어 있다.

『소미가숙점교부음통감절요少微家塾點校附音通鑑節要』는 송의 사마광司馬光이 편찬한 『자치통감資治通鑑』에 소미 선생, 즉 강지江贄의 가숙에서 주석을 가하고 여러 학자의 평론을 증보한 서적이다. 『자치통감』 294권은 분량이 너무 많아 열독에 어려운 점이 있어, 전체 50권 분량으로 간추린 것이다. 편찬 당시에는 강지의 가숙에서만 전래되었으나, 주자가 높이 평가하면서 널리 알려지게 되었다. 조선시대에는 역사서의 기본서적으로 많이 열독되었다. 선조 연간 계유자로 인출해 15책으로 장책했는데, 그 가운데 6책만 남아 있다. 권두에 수록된 남호정씨南湖丁氏가 쓴 서문의 서미에 ‘곡강배씨삼익’, ‘취묵’, 하방에 광곽에 걸쳐 ‘임연재장’, ‘산수정’, 광곽 내에 ‘여우’, ‘한서염고閑書念古’ 등의 장서인이 검인되어 있다.

『주자어류朱子語類』는 1575년(선조 8) 병자자로 간행한 140권본이다. 『주자어류』는 제자들이 기록해 둔 주자의 구술을 주자가 별세한 후 여러 차례 정리하고, 마지막으로 여정덕黎靖德이 전체를 정리하여 1270년(함순 6)에 완성한 주자의 어록이다. 1516년(중종 13)에 명나라에 사신으로 다녀온 김안국金安國이 『주자대전朱子大全』과 함께 처음으로 구입해 온 것으로 알려져 있다. 『주자대전』은 1543년(중종 38)의 내사기가 있는 을해자본이 충재종택에 수장되어 있으나, 『주자어류』는 확인되지 않았다.

『주자어류』에도 착오가 많아 미암眉庵 류희춘柳希春이 퇴계 이

황의 교정본을 바탕으로 재차 수정을 가해 1575년(선조 8)에 교서관에서 병자자로 중간하였다. 고려대학교 만송문고본에는 국왕 인인 '선사지기'가 검인되어 있고, 장서인은 '흥해배씨삼익'·'임연재장'·'여우'·'산수정'·'금역당'이 검인되어 있다. 그 면지에 "1575년(선조 8) 5월 사간원정언 배삼익에게 『주자어류』 한 질을 하사하노라. 사은인사는 생략하라. 좌승지 정 아무개가 대필하다.(서명署名)"라 기록되어 있다. 사은인사를 생략하라고 해서 생략한 것은 아니고, 집에서 내사본을 탁자 위에 올려놓고, 궁궐을 향해 사은숙배하였다. 이 책은 전래본이 드문 병자자 인본으로, 내사기와 장서인이 있어 완벽하며, 75책 완질본이란 점에서 중요하다고 하겠다.

『중설中說』은 문중자文中子라고도 한다. 수隋의 왕통王通(584-617)이 그의 문인들과의 문답을 『논어論語』의 체제로 편찬한 저작이다. 그의 자는 중엄仲淹, 호는 문중자文中子이다. 왕도정치의 회복을 목표로 하였고, 인정仁政을 실행하였으며, 삼교합일三敎合一을 주장하였다. 상당히 진보적인 사상가로, 벼슬에는 나가지 않고 제자들만 교육하였다. 이 책은 명종 연간 갑진자로 간행한 책이다. 갑진자는 1484년(성종 15) 3월에 주조가 완료된 동활자이다. 활자가 작으면서 해정楷正하고 아름다워 서적 인출에 많이 사용되었다. 이 책도 역시 고려대학교 만송문고에 수장되어 있으며, 장서인은 '임연재장'이 날인되어 있다.

『책치부』에 수록되지 않았지만, 선초의 서적으로 임연재의 장서인이 있거나 다른 기록으로 증명되는 서적은 『제왕운기帝王韻紀·동안거사이공문집動安居士李公文集』과 『삼소문집三蘇文集』 등이다. 이를 통해 보면 『책치부』에 임연재의 장서가 완벽하게 수록되지는 않은 것 같다. 그러나 이들 누락된 서적도 1727년(영조 3) 월봉이 작성한 『외암비장』에는 일부 수록되어 있다.

임연재가 평생 동안 열과 성을 다해 수집한 장서는 임진왜란 이전 영남 문인의 독서 수준과 견문의 정도를 대변할 수 있다고 할 만큼 중요한 자료들이다. 금역당 배용길 이후에도 당호를 금역당이라 칭한 만큼 종가의 장서에는 조선 말까지 지속적으로 '금역당'을 검인한 것으로 보인다. 따라서 '금역당'이 검인된 서적이라 해서 배용길의 장서만을 지칭하는 것은 아니다.

그러나 이들 자료는 현재 산지사방으로 흩어져 있다. 방문한 손님에게 예를 다해 서적을 보여 준 것이 탈이 난 듯하다. 인사동에서 통문관이란 서점을 운영한 산기山氣 이겸로李謙魯가 해원海圓 황의돈黃義敦과 여러 차례 거래를 하였는데, 해원에 대한 기록을 남긴 바 있다. 이를 인용하면, "지하에 있는 해원 선생에 대해 대단히 죄송스러운 얘기를 한마디 하고자 하는 것은 선생이 나에게 책을 내줄 때는 가끔 돌아앉아 주머니칼로 책에서 무엇을 떼어내어 비벼버리곤 하는 것을 보았다. 책을 받아보면 책 중에는 첫 장 첫 줄의 하부에 넓이가 약 1cm, 길이가 약 4cm 정도의 장방형으로 떼어낸 자국이 있는데, 필연 누구의 장서인이 아닌가 궁금히 여기다가 어느 날은 해원 선생이 잠깐 자리를 비운 사이에 그 비벼버린 쪼가리를 얼른 집어넣었다. 집에 돌아와 펴보니 주인으로 찍은 임연재장서였다. … 해원 선생도 역시 배씨가의 장서와 어떤 사연이 있었던 것이 아닐까?"라고 하였고, 또 "해원장서의 일부분은 선생이 별세하기 얼마 전에 충남대학교로 들어갔고, 또 일부분은 동국대학교 도서관으로 들어갔는데, 결국은 해원장서는 나를 비롯하여 숙명여자대학교 도서관, 충남대학교 도서관, 동국대학교 도서관 등으로 사대분四大分되었으며, 나머지 일부는 아직도 해원 선생의 아들인 황석연黃石淵 판사가 수장하고 있다." 라고 하였다.

산기는 해원이 임연재 구장의『제왕운기帝王韻紀·동안거사이공문집動安居士李公文集』등의 서책에 행한 행적을 몰랐던 것으로 보인다. 이 책이 유출된 것은 1938~1939년이다. 종래 대가에서 조상 전래의 서적을 팔 때는 수장하고 있던 가문을 밝히고 싶지 않아 장서인을 도려내고 내놓는 일이 비일비재하였다. 그런데 임연재종가에서 장서인을 도려내지 않았다는 것은 책을 팔지 않았다는 뜻이다. 반면 장서인이 훼손된 서적을 입수한 학자나 수장가는 장서인이 없으면 책의 가치가 떨어지기 때문에 아쉬워한다. 처음부터 장서인이 없었다면 다른 문제이다. 그리고 이를 입수하려는 사람은 장서인으로 해서 그 책의 가치를 더 높게 생각하는 것이 일반적이다. 그런데 조상 전래의 서적이 아닌 책의 수장자가 장서인을 오려 내는 것은 상식 밖의 일이라고 하겠다. 그만큼 임연재는 조선시대부터 장서가로 이름나 그 장서에 눈독 들이는 사람들이 많았다.

이후 종가는 1960년대에 또 장서를 잃어버렸다. 이들 장서의 상당수는 고려대학교 도서관으로 들어갔다. 그 외에 소량으로 충남대학교 도서관, 동국대학교 도서관, 국립중앙도서관, 완수문고玩樹文庫, 계명대학교 도서관, 한국학중앙연구원 등에 수장되어 있고 개인(황석연黃石淵, 김준식金俊植)이 수장한 경우도 있다. 또한 조선시대에 인근 대가에 빌려주었다가 회수하지 못해 각 문중에 수장되어 있는 서적도 일부 있을 것으로 추정된다.

문서는 종가와 한국학중앙연구원에 일부 수장되어 있고, 개인에게도 일부 있다. 박성호는 세종 말기부터 세조 연간까지 배임裵袵(?~1486)에게 발급된 조사첩朝謝牒이 12종이라 밝힌 바 있다. 한편 한국국학진흥원에 기탁되어 있는 문서 가운데 임연재와 관련된 교지는 33종이며, 금역당과 관련된 교지는 17종이다. 이 외에는 조선 후기의 문서들이다. 종가에 끝까지 수장되어 있던 서적과 문서는 한국국학진흥원에 기탁되어 있다.

장서지가藏書之家를
이룩하다

2 임연재 부자의 유품

임연재의 유품 가운데 중요한 것은 퇴계의 필적이다. 1569년(선조 2) 8월에 퇴계는 『경재잠敬齋箴』과 『숙흥야매잠夙興夜寐箴』을 써서 보내 주었다. 『경재잠』은 포배장으로 장책되어 있고, 비단에 필사되어 있다. 표지에는 『퇴도노성수적退陶老聖手蹟』이라 필사되어 있다. 경재는 주자의 서재 가운데 하나이다. 주자는 경敬과 관련된 격언을 모아 경재의 벽에 붙여 놓고 스스로 경계하였다고 한다. 중국의 정주학자들이 그 격언을 많이 애송하였고, 우리나라 성리학자들에게도 지대한 영향을 미쳤다. 『숙흥야매잠』은 송의 진백陳柏이 지었으며, 아침에 일어나서부터 저녁 잠자리에 들 때까지 부지런히 힘써야 할 일과 마음가짐을 기술한 수신서이다.

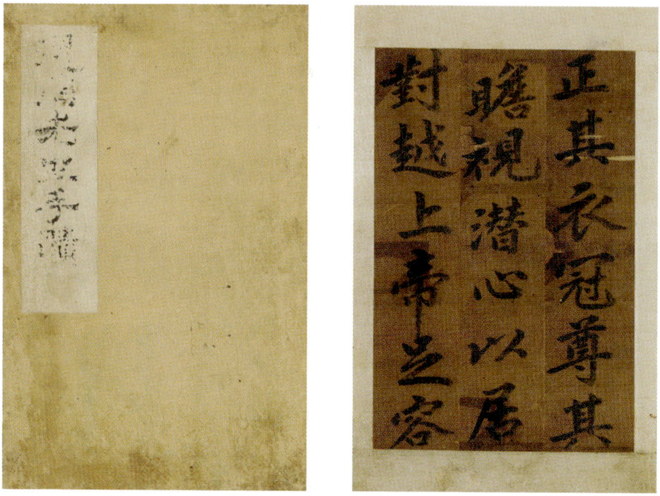

퇴계 친필 『경재잠』(임연재종가 제공)

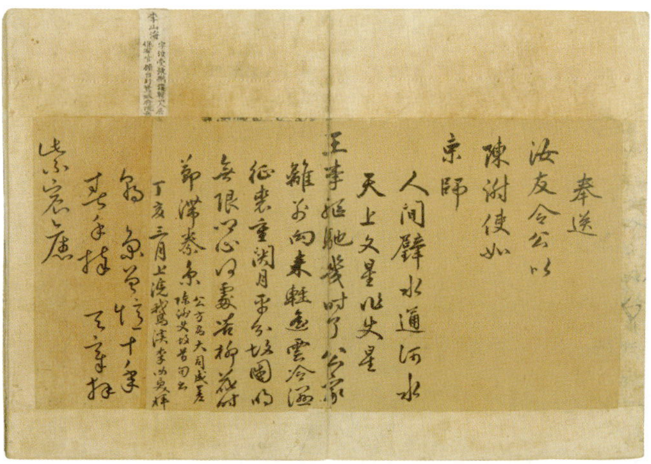

『조천별장』(임연재종가 제공)

또 다른 유품은 『조천별장朝天別章』 2첩이다. 1587년(선조 20) 진사사로 명에 파견되었을 때 출발에 앞서 친지들이 송별연을 열었는데, 그때 벗들이 직접 쓴 축하시문을 모아 장첩粧帖한 유묵이다. 여기에는 권호문權好文, 이산해李山海, 유홍兪泓 등 34명이 쓴 친필 전별시가 수록되어 있다. 현재 한국국학진흥원에 기탁되어 있다.

중국에서 가져온 유물도 있다. 신종황제가 준 옥적은 옥으로 만든 피리이고, 앵무배는 앵무새 부리 모양의 술잔이며, 상홀은 상아로 만든 홀笏이다. 홀은 관복을 입은 관리가 조정에 지참한 수판手板이다. 1~4품의 관리는 조복·제복·공복에 상홀을 들었고, 5~9품 관리는 목홀을 들었다. 임금에게 나아갈 때 아뢸 것이 있으면 써서 가지고 가 아뢰고, 이때 임금의 교명敎命이 있으면 그 위에 써서 나와 시행한 비망기 역할을 한 것이었다. 그러나 후세에는 다만 의례적인 것이 되었다.

종택에서는 명에서 가져온 진귀한 물건이었기에 진장해 왔고, 때로는 지인에게 보여 주기도 하였다. 이를 본 선비들 가운데 일부는 시문을 남겼으니, 이병하李秉夏(1780-1852)는 1812년(순조 12) 「임연재가장삼물기臨淵齋家藏三物記」를, 김재찬金在燦(1811-1888)은 「경완천조뢰상삼보물시敬翫天朝賚賞三寶物詩」를 남겼다. 김도화金道和(1825-1912)는 1891년(고종 28)에 「신묘춘여과도목촌봉열임연재소장앵무라옥적상홀등물辛卯春余過桃木村奉閱臨淵齋所藏鸚鵡螺玉笛象笏等物」을 지었다. 류필영柳必永(1841-1924)도 「삼물시三物詩」를 지었다.

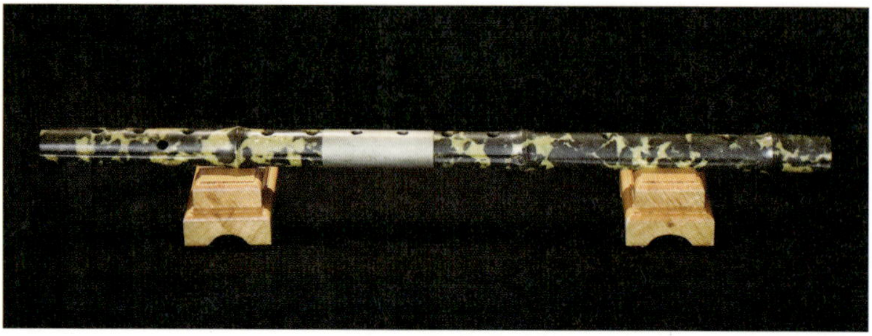

옥적(우진웅 제공)

앵무배(우진웅 제공)

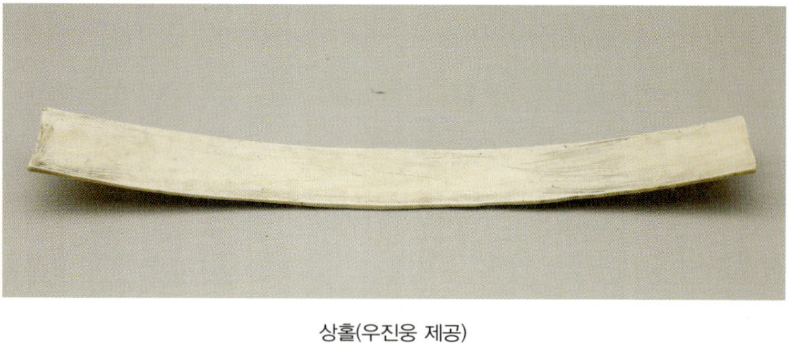

상홀(우진웅 제공)

시문은 임연재가 명나라에 가서 종계변무에 대한 글을 올려 신종의 상찬을 받았으며, 세 가지 물건을 받아 와 진장하게 된 내력을 기록하고, 아울러 세 가지 물건에 대해 찬탄하는 내용이다. 그리고 종계변무에 힘썼으며 명나라 신종과 독대하고 신종의 인정을 받는 등의 공을 세운 임연재에게 조정에서 공훈을 내려 주지 않은 것을 개탄하며 임연재의 공을 높이 평가하고 있다.

『배선생양세유묵裵先生兩世遺墨』은 임연재와 금역당의 유묵을 청색 비단으로 장책한 책이다. 표지에는 '상지십삼십칠년신묘수춘화첩上之十三十七秊辛卯首春化帖'이라 기록되어 있다. 장첩한 연도를 금상 십삼십칠년이라 하였는데, 아마도 앞의 '십' 자는 잘못 들어간 것이 아닐까 한다. 장첩한 때는 1711년(숙종 37) 초춘 정월로 추정된다. 김부륜金富倫과 김부필金富弼 등에게 보낸 서간과 금역당의 서간 등이 수록되어 있다.

또 다른 유품은 청색 비단으로 장책된 『금역당첩琴易堂帖』이다. 배용길은 도목촌의 경치 좋은 낙동강 언덕에 정사를 짓고, 금역당이라 이름 지었다. 이를 기념하고자 명사들의 시문을 받아 첩으로 꾸민 것이 『금역당첩』이다. 권두에 금역당이 정사를 짓고 이름을 지은 연유와 함께 친지에게 글을 청한 기록이 나오는데, 1594년(선조 27)이었다. 여기에는 김부륜金富倫·조목趙穆·오수영吳守盈·이익형李益亨·김윤안金允安·이준李埈·이협李浹 등 명인의 시가 수록되어 있다. 이 중에는 정유재란 때 원병을 이끌고 안동에 머물렀던 명나라 장수 주원조朱元朝가 1599년(선조 32)에 지은 글도 있다. 주원조는 예천 호명에 있는 선몽대仙夢臺를 방문하고 『선몽대심유록仙夢臺尋遊錄』에도 서명한 것으로 보아 문인이었던 것으로 보인다.

이 외에도 일산日傘·교자轎子·상여喪輿·금역당의 거문고가 전래되었다. 사인교자四人轎子는 우리나라에서 가장 오래되었다고 하는데, 많이 훼손되어 수리해야 할 상태이다. 상여喪輿는 너무 손상되어 도목에서 옮겨 올 수 없었다고 한다. 금역당의 거문고도 현재는 상태가 좋지 않다.

제4장
백죽당의 정신을 이어

백죽당의 정신을 이어

1 문향을 계승한 후손

흥해배씨 선대는 충절을 지켜 충과 의를 후손에게 가르쳤으므로, 나라에 충성하고 백성을 돌보는 목민관으로서의 가풍을 누대에 걸쳐 이어 왔다. 평소에는 송경誦經을 통해 인격을 도야하고, 국난에는 나라를 위해 몸을 던진 선비를 배출하였다. 임진왜란을 당해서는 왜적을 퇴치하는 데 적극 동참하였고, 20세기 망국의 위기를 당해 국권회복을 위한 항일의병운동에도 뛰어들었다.

입향조 백죽당은 고려가 망할 조짐을 보이자 벼슬을 버리고 안동 금계에 은거하면서, 야은冶隱 길재吉再와 교류하며 나란히 불사이군의 절의를 지켰다. 백죽당은 지조 높은 선비로서, 덕망을 갖춘 교육자이기도 하였다. 낙남한 이후 남부량南富良과 함께 향사당鄕射堂을 건립해 향사례와 향음주례를 실행하면서 향풍을 바로잡고자 노력하였다. 평소에 자제를 훈계함에 있어 화평을 지키고자 노력하며 순후하고 삼가는 것을 교훈으로 하였고, 과정을 중시할 것을 훈계하였다. 그런 까닭에 자제 넷이 학문에 힘써서 문아文雅로 알려져 '배문裵文'이라는 말이 생겨나게 되었다.

그러므로 학자로 성장한 후손도 있었고, 충의를 계승한 인물도 배출되었다. 『백죽당선생실기柏竹堂先生實紀』에는 백죽당의 자제 교육에 관해 전해 오는 일화가 있다. 어느 때 죽림사竹林寺라는 절에 세 아들을 한꺼번에 글공부하라고 보냈다고 한다. 죽림사는 금계리에 있던 절이었는데, 후에 죽림정사로 바뀌었다고 하나 현재의 위치는 알기 어렵다. 얼마 동안 아무런 기별이 없어 궁금해하던 백죽당이 절을 찾아갔더니, 마침 아들들이 기생까지 불러 술판을 벌이고 있었다. 당황한 아들들은 기생을 얼른 이불에 감싸 방구석에 밀쳐 두고 부친을 맞았다. 자식들에 대한 기대가 허물어지는 매우 실망스러운 순간이었을 것이다. 상황을 감지한 백죽당은 아무 말씀을 하지 않고 잠시 앉았다가, 시 한 수를 벽에 남기고 집으로 돌아갔다고 한다. 아래의 시가 바로 그것이다.

배씨 하나, 배씨 하나, 또 배씨 하나,	一裵一裵復一裵
배씨 셋이 모인 곳에 춘풍이 감도는구나.	三裵會處春風廻
이름은 죽림이지만 대나무만 있겠는가,	名是竹林非但竹
대나무 숲 깊은 곳에 복사꽃도 피었구나.	竹林深處桃花開

시 한 수로 아들들의 정신을 번쩍 들게 하였을 것이다. 물가의 조약돌을 그토록 둥글고 예쁘게 만든 것은 무쇠로 된 정이 아니라, 부드러운 물결임을 깊이 체득한 결과일 것이다. 백죽당은 자제를 교육함에 있어 엄중하면서도 너그러웠던 것이다. 이런 훈육의 결과 네 아들 모두 관계官界로 나아갈 수 있었다.

백죽당의 장남 배권裵權은 음사로 관계에 나아가 사헌부지평과 이조좌랑을, 차남 배환裵桓은 문과에 급제해 예문관직제학, 삼도관찰사(황해·충청·전라), 판진주목사를, 삼남 배남裵楠은 사헌부감찰과 이조정랑을, 사남 배강裵杠도 문과에 급제하여 성균관직학과 이조정랑을 지냈다.

그 후손 임연재는 1570년(선조 3) 9월 도산서원에서 『심경계몽心經啓蒙』을 강의하였고 1576년(선조 9) 7월 도산서원 초대 원장院長격인 상임유사를 지냈다. 명에 사신으로 가기 전에는 성균관 대사성으로 있었다. 임연재는 배용길裵龍吉과 배상길裵尙吉 두 아들을 두었다. 차남 배상길은 요절하였지만, 맏이 배용길은 임진왜란 때 몸을 돌보지 않고 왜적을 물리치기 위해 동분서주하였고, 난후에는 가계를 이어 학문으로 후학 양성에 힘썼다.

1) 금역당 배용길

배용길(1556–1609)의 아버지는 관찰사 배삼익裵三益이며, 어머니는 영양남씨英陽南氏 남신신南藎臣의 딸로서, 남치리南致利의 누이였다. 1556년(명종 11) 9월 18일 서후면 금계리에서 장남으로 태어났다. 배용길의 자는 명서明瑞, 호는 금역당琴易堂 또는 장육당藏六堂이다. 일생 거문고[琴]와 『주역周易』에 정진하겠다는 생각으로 지은 당명이 금역당인데, 그의 호가 되었다. 김호金壕의 따님 광산 김씨를 부인으로 맞아 3남 4녀를 두었다.

김성일金誠一의 문하에서 수학하였으며, 이어 류성룡柳成龍·조목趙穆·남치리南致利 등을 사사하였다. 부친이 퇴계의 문인이었던 까닭에 퇴계를 사숙하였다. 타고난 자질이 영민하여 15세에 『춘추강목春秋綱目』을 한번 훑어보고 전질을 암송하였으므로 부친이 매우 기뻐했다고 한다. 『맹자孟子』와 『주역周易』을 즐겨 읽어 힘차고 거침없는 호방건아豪放健雅한 문장을 지었다고 한다. 경사·천문·지리·율력律曆·병전兵典·의약 등 다방면에 조예가 깊었고, 특히 역리易理에 밝았다.

1585년(선조 18) 30세 때 사마시에 합격하여 진사가 되고, 성균관에서 수학하였다. 1588년(선조 21) 33세 때 황해도 감영으로 아버지를 따라갔다가 아버지 상을 당하였다. 성품이 고결하여, 아버지의 상사에 경상도에서 보내온 부의가 매우 많은 것을 보고, "어찌 상사喪事로 인해 치부致富할 것인가."라면서 사양하였다고 한다. 1592년(선조 25) 37세 때 임진왜란이 일어나자 기봉岐峯 류복기柳復起·운천雲川 김용金涌 등과 함께 안동·예안·의성·의흥·군위의 인사들과 안동 일직에서 회맹하고, 안동열읍향병安東列邑鄕兵을 결성하였다. 이 향병은 근시재近始齋 김해金垓(1555-1593)를 대장으로 추대하였는데, 금역당은 그의 부장으로 활약하면서 왜적과 크고 작은 전투를 벌였다.

이 사이 부친의 관작이 추탈되자 신원소를 올려 직첩은 돌려받았다. 1594년(선조 27) 세자의 시위를 담당하는 세자익위사世子翊衛司 세마洗馬의 직을 받고, 이듬해 여름에 시직侍直, 가을에 부솔副率로 옮겨졌다. 1598년(선조 31) 43세로 안기도찰방安奇道察訪에 임명되었고, 1600년(선조 33) 여름 금강산을 유람하였다. 1602년(선조 35) 별시문과에 을과 제1인으로 급제하였다. 이듬해 3월 예문관검열이 된 후 곧 체직되어 낙향하였다가 6월에 다시 검열에 제수되었다. 이때 경연에 좌사左史로 입참해서 의견을 숨김없이 논하기도 하였다고 한다. 1605년(선조 38) 6월 사헌부감찰, 1606년(선조 39) 성균관전적에 제수되었으나 모두 나아가지 않았다.

선조 즉위 초에는 시국에 대한 상소로 「육조소六條疏」를 올렸다. 「육조소」 내용의 요지는 ① 임금이 마음을 바로잡아 큰 근본을 세워야 하며, ② 사부師傅를 엄선하여 세자를 보필해야 하며, ③ 관원의 선임選任을 정밀하게 하여 실효를 거두도록 책임을 지워야 하며, ④ 관원의 기강을 진작시켜 풍속을 장려해야 하며, ⑤ 세금을 감해 주어 민력民力을 길러야 하며, ⑥ 기율을 분명하게 하여 군정軍政을 다스려야 한다는 것이다.

1597년(선조 30) 정유재란 때는 일본과는 화친을 하지 말고 소탕해야 한다며 「팔조소八條疏」를 올렸다. 「팔조소」를 올릴 당시는 사태가 엄중하여 「육조소」보다 더 간곡한 내용이 담겨 있었다. 정

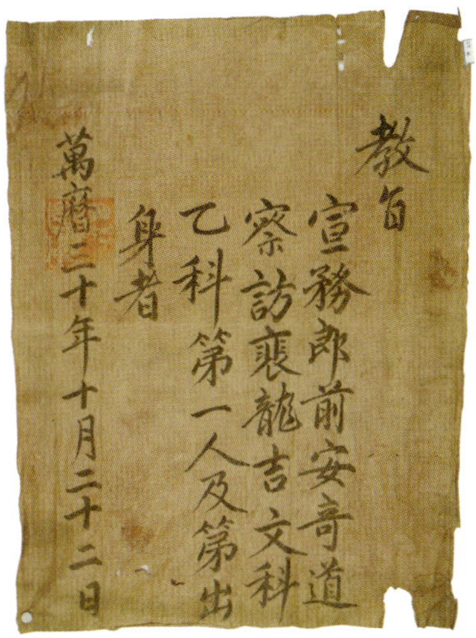

教旨
宣務郎前安奇道
察訪裵龍吉文科
乙科第一人及第出
身者
萬曆三十年十月二十二日

금역당 홍패(임연재종가 제공)

유재란 중 조정에서 신료를 엄선해서 일본과 화친을 맺고자 한다는 소문을 듣고 분하고 답답한 마음에, 화친을 주장하는 무리들이 화친은 잠시 중국의 명령을 따르는 것일 뿐이라고 하는 소문에 더욱더 울분을 감출 수 없어 상소한 것이다. 당시는 와신상담臥薪嘗膽하며 오랑캐를 물리쳐야 할 때인데, 조정에서는 소탕할 결의에 찬 계획은 없고 오히려 간사한 꾀를 믿고서 관망하는 것으로 보였기에 8조의 상소문을 바친 것이다.

그 요지의 첫째는 임금이 훌륭한 사대부들과 끊임없이 만나 적을 토벌할 계책을 강구하여, 지하의 조종과 백성들이 바라는 기대에 부응하기를 바랐다. 한漢 고조高祖와 광무제光武帝는 편안히 있을 겨를도 없이 충신들과 손을 맞잡고 마음을 터놓고 대사를 도모하였는데, 이 두 군주를 본받아 국난을 타개하고, 신명神明과 백성들의 소망을 위로하며, 강을 건너 오랑캐의 소굴을 쓸어버리기를 촉구한 것이다.

둘째는 난리로 조상의 영령과 온 나라의 백성이 흩어지면, 임금은 마땅히 사당에 이르러 우러르는 마음을 한결같이 하여야 한다고 건의하였다. 그러나 전하는 난리 후에 자신을 너무 지나치게 책망하여 감히 종묘에 들어가지 못하겠다고 하교하는데, 그것은 조종께 효와 공경을 다하는 도리에 크게 어긋난 것이라고 보았다. 임금이 종묘에 제향하고 백성을 위무하기를 바란 것이다.

셋째는 싫어도 직언直言을 듣기를 건의하였다. 전하는 마음을 비우고 신하들이 하는 말을 시원하게 받아들일 생각이 없으며, 교만하고 인색하며 시기하고 잔인한 기색이 있다고 보았다. 혹 받아들이는 경우가 있기는 하나, 억지로 받아들이는 것처럼 보인다고 하였다. 예로부터 직언을 듣지 않는 임금 중에 망하지 않은 이가 없었는데, 마음에 들든 거슬리든 간에 오직 도道에 맞느냐 맞지 않느냐만을 따져 보기 바란 것이다.

넷째는 나라를 다스리는 규칙은 기강이 중하고, 기강을 세우는 데는 반드시 상벌賞罰이 틀림없고 믿을 만한 데서 연유하는데, 상벌이 분명치 않아 기강이 날로 무너지고 있음을 지적하였다. 이에 대한 대책으로 참소하고 이간하고 모함하는 사람을 용서하지 않고 처벌하면, 소인들이 작은 일을 큰일로 만들어 전하의 총명을 현혹하지 못할 것이라 건의하였다. 따라서 사사로운 정에 이끌리지 말고, 대의로 결단해서 상벌을 분명히 하고 기강을 세우기를 바란 것이다.

다섯째는 인재를 등용하고 버림이 전도顚倒되어 환로宦路가 혼탁한 점을 개선할 것을 건의하였다. 조정에는 어질고 지혜롭고 어리석고 불초한 사람이 뒤섞여 있어, 자중自重할 줄 아는 사람이 이 무리들과 더불어 마음을 굽히고 머리를 조아리며 어깨를 나란히 하기 어려운 지경이라 보았다. 현자를 기다리는 정성을 다하며 관리의 임면任免을 엄중하고 공정하게 하고, 사사롭게 하지 않는다면 어질고 지혜로운 자는 등용될 것이며, 어리석고 불초한 자는 등용되지 못할 것이라 하였다.

여섯째는 조정에는 엄숙하고 공경하는 아름다움이 없고, 붕당을 갈라 세우는 폐단만 있다고 보았다. 전하는 늘 분쟁을 화해시키려 하지만 전적으로 위임하지 않아 마음이 더욱 화합되지 않고, 대신들이 의심하고 두려워하여 위망危亡의 화가 극도에 이르러 구제할 수 없는 지경에 이르렀다고 하였다. 대립하며 화합하지 않는 자는 순임금이 공공共工을 유주幽州에 유배 보내고 환도驩兜를 숭산崇山으로 추방하고 곤鯀을 우산羽山에서, 삼묘三苗를 삼위三危에서 죽인 것과 같이 벌할 것이며, 또 공자가 사구司寇가 되었을 때 노나라 간신 소정묘少正卯를 주살하듯 권력에 빌붙은 간신을 척살한다면 백성들은 한마음으로 협력할 것이라 보았다. 임금의 마음은 진실로 거울처럼 투명하고 저울처럼 공평하니, 둘 사이의 사정을 밝게 살펴 옳은 자를 가려서 등용하기를 바란 것이다.

일곱째는 중진重鎭을 설치할 필요가 있음을 건의하였다. 영남을 예로 들면 좌우 양도兩道의 초계草溪와 밀양密陽 같은 곳에 요새와 포루砲樓의 제도를 갖추어 방비를 엄히 할 필요가 있으며, 도체찰사都體察使는 상주尙州와 안동安東 등에 독부督府를 개설하고 모든 장수들을 절제節制하게 하는 것이 옳을 것으로 보았다. 일에는 완급이 있고 거사에는 선후가 있으므로 마땅히 먼저 해야 할 일을 거행하여, 민생의 힘을 쉬게 하고 원통한 심정을 위로하면 매우 다행할 것이라 건의한 것이다.

여덟째는 사람을 부림이 도에 어긋나 군사들이 교만하고 횡포하게 되었으니, 이 점을 시정할 필요가 있다고 건의하였다. 따라서 생살상벌生殺賞罰의 권력을 잡아서 권장하고 징계할 필요가 있으며, 또한 녹봉을 넉넉히 주고 포백을 상으로 내려 길러야 한다고 하였다. 더구나 주인을 배반한 노예를 대충 모아 가까이하면 절의를 다하기는커녕, 반드시 제멋대로 날뛰어 억제하기 어려운 염려가 알지 못하는 가운데 숨어 있을 것이라 보고 미리 더욱더 단속해야 한다고 건의한 것이다.

결전하지 않으면 적들은 우리의 허실을 엿보고 잠식을 꾀할 것이므로, 마땅히 빨리 도모해야 할 일은 오직 결전決戰 하나의 계책이 있을 뿐이라는 내용이 핵심이다. 국난을 타개하기 위해서는 필시 임금이 친정親征해야 하는데, 친정이라고 해서 한 광무제

光武帝와 촉 소열제昭烈帝처럼 몸소 전장에 나아가 직접 화살과 돌을 맞으라는 것이 아니고, 필전必戰의 용맹을 보이라는 것이었다. 송 진종眞宗과 같이 몸을 잊고 순국하는 신하에게 위임하면 적들이 항복하고 도망하는 것이 도리어 내 손에 달려 있게 될 것인데, 화친으로 그르쳐서 백성이 흩어지고 나라가 망하는 것과는 천양지차일 것이라 보았다.

배용길은 임금이 진실로 이와 같이 하여도 왜구를 멸하지 못한다면 자신은 부월鈇鉞의 처벌을 기다릴 것이며, 성상의 위엄을 범하였으니 두렵고 황공함을 이기지 못하여 엎드려 지극한 처벌을 기다릴 것이라 하였다. 죽음을 무릅쓰고 백배사죄하며 건의한 것이다. 또 선비는 몸을 바치지 않으면 충성이 되지 않고, 말이 귀에 거슬리지 않으면 충간忠諫이 되지 않는다고 여기기에, 전하를 범하고 근신을 비난하며 조금도 기탄없이 국사의 기틀에 대하여 논란하였으니, 자신의 죄는 만 번 죽어 마땅하다고 하였다. 또한 자신을 불쌍히 여겨 용서하고, 이 건의를 채택하여 주기를 간절히 바란다고 하였다. 이 내용에는 금역당의 간절한 소망이 담겨 있음을 느낄 수 있다.

1607년(선조 40) 충청도도사에 제수되자 모친의 권유로 부임했다. 당시 충청도는 거위를 진상하는 일이 큰 고통이었는데, 금역당이 순찰사 심열沈悅을 대신해 「청감천천아소請減薦天鵝疏」를 작성했다. 그 내용 가운데 "신이 또 『예경禮經』을 살펴보니, 제물에는 희생보다 더 잘 갖추는 것이 없고, 희생으로 쓰는 제물은 일

원대무一元大武 즉 소보다 높은 것이 없습니다. 지금 제대로 갖춘 종묘의 큰 제사에는 태뢰太牢, 즉 소·양·돼지를 한 마리씩 쓰고, 간단하게는 특생特牲으로 소를 쓰는데, 어찌 반드시 거위를 올려야 그 효도를 다한다 하겠습니까. 또 어찌 반드시 백성을 죽이고 물物을 해쳐 국맥을 손상시킨 뒤에 그 공경을 다한다고 하겠습니까."라 하였다. 이를 본 조정에서는 거위의 진상을 중단시켰다고 한다.

1605년(선조 38) 왜란 때 의병활동의 공로가 인정되어, 선무원종공신宣武原從功臣 2등에 책록되었다. 1608년(광해군 원년) 충청도 도사를 사직하고 낙향한 후 이듬해 5월 6일 54세를 일기로 별세하였다. 1630년(인조 8)에는 국난에 살신하였다고 승정원좌승지에 추증되었다. 아버지인 임연재와 같이 예안의 도생서원道生書院에 제향되었다. 저서는 「어류고의語類考義」와 『금역당선생문집琴易堂先生文集』이 있고, 편서는 『금역당첩琴易堂帖』이 있다.

금역당은 정치적으로나 사회적으로 혼란한 시대를 살았다. 금역당은 낙향했을 때 향촌의 전후 복구와 동요된 신분질서를 재정립하는 것을 교화라고 보았다. 서당을 통해 교화활동을 하고자 과거에 급제하기 전부터 서당을 건립하였고, 이병훈에 따르면 사족의 자제뿐만 아니라 일반민의 자제들도 교육 대상으로 하였다고 한다. 특히 『주역周易』에 해박하여 당대의 이름난 선비들도 배우러 왔다고 한다.

정유재란도 안정기에 들자 금역당은 예를 바탕으로 어린 학

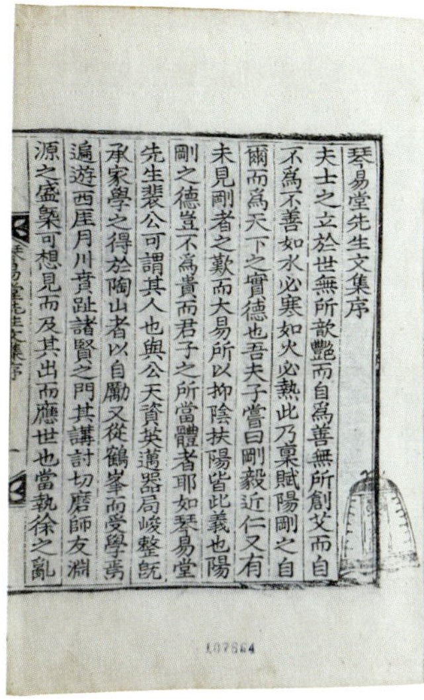
琴易堂先生文集序
夫士之立於世無所歆艷而自爲善無所創艾而自
不爲不善如水必寒如火必熱此乃稟賦陽剛之自
爾而爲天下之實德也吾夫子嘗曰剛毅近仁又有
未見剛者之歎而大易所以抑陰扶陽皆此義也陽
剛之德豈不爲貴而君子之所當體者耶如琴易堂
先生裵公可謂其人也與公天資英邁器局峻整旣
承家學之得於陶山者以自勵又從鶴峯而受學焉
遍遊西厓月川賁趾諸賢之門其講討切磨師友淵
源之盛槩可想見而及其出而應世也當執徐之亂

『금역당선생문집』

생들이 효제를 체득하고 나아가 강상의 윤리가 회복되길 희망했다. 1600년(선조 33) 한적하게 수학할 곳에 서당을 건립하고자 여러 선비들과 논의하였으나, 의견이 일치하지 않아 추진이 중단되었다. 이에 수다산水多山의 빈 절에서 임시로 서당을 개설하였다. 뒤에 당시 안동부사 홍이상洪履祥(1603-1604 재임)이 사사전寺社田을 지급함으로써 서당 운영의 기반이 마련되었다. 1604년(선조 37) 박형朴泂, 안몽주安夢周 등과 함께 임하면 북쪽 미질촌美質村에 집을 사서 도생서당道生書堂을 열었다.

후학을 기르는 것은 바르지 않음이 없어야 한다고 생각하여,

도생서당의 강당은 양정당養正堂이라 이름하고, 동재는 벗함에 반드시 인을 도운다고 보인재輔仁齋, 서재는 때때로 익혀 기쁨에 이른다고 시습재時習齋, 누각은 어리석음을 불러서 깨우쳐 준다고 환성루喚醒樓, 출입문은 행할 때는 과감하게 하지 않을 수 없다고 과행문果行門, 단은 붕래단朋來壇이라 하고, 전체는 마을 이름에 바탕하여 도생道生이라 하였다. 이는 『논어論語』「학이學而」편의 "군자는 기본에 힘써야 한다. 기본이 바로 서면 나아갈 길이 생긴다.[君子務本 本立道生]"에서 취한 것이다.

금역당은 도생서당의 건립이 좌절되었던 때인 1602년(선조 35) 본인의 장수처로 도목촌에 장육정사藏六精舍를 건립하였다. 장육정사는 검암에서 남쪽으로 마을에서 좀 떨어진 곳에 지었다. 그는 말과 행동을 예로써 실천하지 못할 것과 그로 인한 구설을 두려워하였다. 이에 세상의 구설에서 벗어나 숨고자 하는 마음을 표현해 '장육藏六'이라 이름한 것이다. 재목과 기와를 모아 도목촌의 풍경이 뛰어난 언덕에 금역료琴易寮·용슬료容膝寮·소요붕逍遙棚·희발탄晞髮灘·여사如斯·혼혼混婚·쌍절雙絶을 짓고, 전체를 일러 장육정사藏六精舍라 하였다.

단출한 건물이었으므로 이름도 '겨우 무릎이나 끼워 넣을 수 있는 좁은 공간'이란 뜻으로 용슬료라 하였다. 여기에 송대 칠현七賢의 화상을 모시고, 매월 초하룻날 생도들과 함께 향을 사르고 서로 읍하는 예를 행하였다. 동시에 『여씨향약呂氏鄕約』을 강하고, 또 『시경詩經』의 「주남周南」과 「소남召南」의 시를 읊도록 하면서 풍속 교화에 힘썼다. 시를 배우면 의사표현이 세련되고 시풍詩風이 순정하게 된다고 믿었기 때문이다. 반구정反求亭, 소오헌嘯傲軒, 금이루禁爾樓, 세심재洗心齋도 차례로 건립하고자 한 구상은 이루지 못했다.

『영가지永嘉誌』에 따르면, 금역당은 또 다른 서당을 건립했다. 만년에 검암儉巖 동남에 있는 임연대 아래에 팔우서당八耦書堂을 짓고 후학들을 교육하였다고 한다. 그러나 금역당의 문집에는 팔우서당에 대한 언급이 없는데, 문집 편찬 시에 제외했을 수도 있겠다.

2) 도와공, 삼여당과 수간공

이 외에도 임연재의 후손으로서 학문과 후학 양성에 전념한 대표적인 인물로 도와공, 삼여당, 수간공을 들 수 있다.

배면裵冕(1651–1718)은 금역당의 증손이며, 배흥주裵興胄와 별좌 의성김씨 김규조金烓祖의 따님 사이의 넷째 아들이다. 자는 봉경奉卿, 호는 도와綯窩이다. 부인은 밀양박씨 박현朴絢의 따님이다. 어려서는 백졸암百拙庵 류직柳稷과 금옹錦翁 김학배金學培의 가르침을 받았고, 자라서는 갈암葛庵 이현일李玄逸의 문하에서 공부하였다. 갈암의 학문을 이어받아 과거제 개혁과 퇴계의 이기호발설理氣互發說에 동참하며 율곡의 학설에 반대하였다. 장년에 이르러서는 세속의 일에 마음을 두지 않고 학문과 독서에 전념하였다.

사후에 손자 강絳이 현달하였으므로, 호조참의戶曹參議에 증직되었다. 저서는 『도와집綯窩集』 1책이 있다.

배행검裵行儉(1673-1752)은 금역당의 현손이며, 도와 배면과 밀양박씨 박현의 따님 사이에서 장남으로 태어났다. 자는 수약守約, 호는 삼여당三餘堂이며, 오곡梧谷을 쓰기도 하였다. 부인은 서원정씨 정문흥鄭文興의 따님이다. 소년기에 남석기南碩耆에게서 배웠으며, 박학하여 소년 시절부터 이름이 났는데, 옥천玉川 조덕린趙德鄰은 삼여당의 박식에 대해 당세에 더할 이가 없다고 칭찬하였다고 한다. 젊어서는 과거를 준비하였으나, 40세 즈음에 그만두고 학문 탐구에만 몰두하였다. 유학의 경전과 역사서적은 물론 당송대가들의 글을 비롯하여 단군과 기자 이후 우리나라의 역사도 읽지 않은 것이 없었다. 선현의 사적을 밝히는 데 힘을 기울여 김자수金自粹, 우탁禹倬, 손홍량孫洪亮의 사적을 상고하여 기존 역사책의 오류를 바로잡기도 하였다. 또 이광정李光靖, 권덕수權德秀 등과 함께 도의를 닦고, 문장을 지으면서 평생 후진을 길러서 안동의 문풍 진작에 힘썼다. 사후에 아들 강絳의 현달로 호조참판戶曹參判으로 증직되었으며, 문집으로 『삼여당집三餘堂集』 6권이 있다.

배선원裵善源(1808-1880)은 임연재의 후손으로 생부는 배한주裵翰周이며, 재령이씨 이자근李字根의 따님 사이에서 둘째로 태어났다. 12세 때 중부 배익주裵翼周에게 입양되었다. 자는 성함性涵, 호는 수간守磵이다. 16세에 서포西圃 권재성權載成의 문인이 되었는데, 후에는 서포의 사위가 될 정도로 인정을 받았다. 그 문하에서 기천杞泉 권승하權承夏, 이재頤齋 권연하權璉夏 등과 교유하였다. 26세에는 퇴계학맥의 중심인 정재定齋 류치명柳致明의 문인이 되었다. 48세 때인 1855년(철종 6) 정재가 장헌세자의 추존을 청하는 상소를 올렸다가 대사간 박내만朴來萬의 탄핵을 받아 지도智島로 유배 갔을 때 모시고 갔으며, 1861년(철종 12) 정재가 작고하자 심상心喪을 하였다. 1871년(고종 8) 사마시에 급제하였으나, 세도정권의 조정에서는 벼슬하기 어렵다는 것을 알고 벼슬에 연연해하지 않고, 동네 북쪽 골짜기에 정자를 짓고 수간守磵이란 편액을 붙이고 학문을 연마하며 살았다. 중년 이후에는 특히 『심경心經』과 『근사록近思錄』에 침잠하여 주자와 퇴계의 주장을 정론으로 보고, 율곡의 학설을 비판하기도 하였다. 문집으로는 『수간집守磵集』 3권이 있고, 저술로는 『사칠변집증四七辨輯證』 2권, 『도촌지桃村誌』 1권, 『곡강세총曲江世叢』 1권이 있다.

3) 괴담 배상열

임연재의 아우 장사랑將仕郎 배삼근裵三近의 7대손인 배상열裵相說(1759~1789)은 가문의 학문을 계승하여 천문학으로까지 확대시켰다. 배삼근은 아들 둘을 두었는데, 장남 배인길裵寅吉(1571~1592)의 자는 경보敬甫이며, 세칭 의사공義士公이다. 의사공은 임진왜란을 당해 종형 배용길裵龍吉이 오천烏川의 근시재近始齋 김해

金垓와 함께 의병을 일으키자 참여하였다. 예안현감 오봉梧峰 신지제申之悌가 관군과 의병을 이끌고 용궁龍宮에서 왜적과 대적할 때 참여했다가 순절하였다. 배인길의 후계는 동생 배성길裵成吉의 후손으로 이었다.

배상열은 1759년(영조 35) 내성현乃城縣 유록동呦鹿洞에서 배성길의 5대손 배집裵緝(1736-1785)과 안동권씨 권경여權慶餘의 따님 사이 다섯 아들 가운데 둘째로 태어났다. 자는 군필君弼, 호는 괴담槐潭이다. 부인은 풍산김씨豊山金氏 김우추金遇秋의 따님이며, 2남을 두었다. 괴담은 어려서부터 총명해 5~6세에 이미 글을 읽고 썼다고 한다. 11세에 처음 만난 스승이 그의 능력을 파악하려고 글을 지어 보라 하자, 즉석에서 "수화목금을 닦아, 인의예지의 학문을 이루네.[水火木金修 仁義禮智學]"라 지어 좌중을 깜짝 놀라게 했다는 일화가 문집의 행장과 발문에 수록되어 있다. 15세인 1773년(영조 49)에는 독학으로 『역학계몽易學啓蒙』·『율려신서律呂新書』 등의 천문·역학易學·산학·율려에 관한 서적을 탐독하여 그 분야에 조예가 깊었다.

1776년(영조 52)에 퇴계학맥의 주요 계승자인 대산大山 이상정李象靖(1712-1781)을 찾아 일직一直 소호蘇湖로 가, 그의 문하에서 성리학 연구에 전념하였다. 대산은 천문과 성력星曆을 먼저 공부했으니, 이제는 마땅히 도학道學을 공부하라고 가르쳤다. 이에 경전에서부터 염락관민에 이르기까지 다양한 유서儒書를 연구하였고, 특히 사서에 집중하였다. 이때부터 『대학大學』을 연구하면서 일취월장하여, 일가의 경지를 이루어 『사서찬요四書纂要』를 저술하였다. 대산 사후 1787년(정조 11)부터 그의 아우 소산小山 이광정李光靖에게 배웠다.

배상열은 벼슬에는 별로 관심을 보이지 않고 거문고 타기를 좋아하는 풍류처사이기도 했다. 우연히 과거 보러 가는 선비와 함께 한양에 갔다가 한양풍물을 보고 돌아와 병을 얻어 1789년(정조 13) 31세로 요절하였다. 중요 저술로는 『괴담유고槐潭遺稿』가 있으며, 그 외 『사서찬요四書纂要』·『도학육도道學六圖』·『서계쇄록書計瑣錄』·『성리찬요性理纂要』·『계몽도해啓蒙圖解』 등이 있다. 사림의 청원으로 통훈대부 사헌부감찰의 직위가 증직되었다.

풍류를 즐겼으나 남긴 시는 두 편만 알려져 있다. 한 편은 「관물음觀物吟」이고, 또 한 편은 「자탄自嘆」이다. 천문에 심취한 것이 시에도 반영되어, 우주와 인륜의 조화를 추구한 것으로 볼 수 있다. 「관물음」은 천지조화의 묘리, 「자탄」은 인륜의 도리를 읊은 것이다.

관물음觀物吟

봄날이라 화창하여 그윽한 곳에 있으니 좋을시고,	春日幽居好
세상의 시끄러운 소리 대문에 이르지 않으니.	世囂不到門
일원의 기운이 하늘의 조화로 변해,	一元轉洪勻
만물은 모두 천지의 이치를 내포하고 있구나.	萬有含乾坤

설날 아침에 스스로 경계하기 위해 지은 12강령의 「원조자경元朝自警」도 문집에 수록되어 있는 것으로 미루어, 자신의 수양에 매우 엄격했던 것으로 보인다. 그 마지막 강령이 '매사물과로每事勿過勞' 즉 '매사에 너무 지나치게 애쓰지 말라.'이다. 「원조자경」은 남에게 훈시하기 위한 것이 아니라 자신을 위한 잠명이었는데, 특히 12조는 제대로 지키지 않은 것 같다.

조선시대에는 국가통치의 근간으로 천문관측의 중요성을 인식하고 있었다. 유학의 경천근민사상敬天勤民思想과 천명사상天命思想에 기반해 통치했기 때문이다. 그러려면 천체를 관측하여 천심을 알아야 했다. 또한 관상수시觀象授時, 즉 천상의 움직임을 정확하게 관측하여 정확한 시간을 받아, 이를 백성에게 알려 생활의 근본을 세우게 하는 것도 국왕의 중요한 의무였다. 이를 위해서 해·달·별의 운행을 관측해 계절의 변화를 알아내야 하고, 정확한 달력을 만들어 농사에 활용하게 해야 했다.

조선 초까지 우리나라는 중국의 역법을 도입하여 약간 변형해서 사용해 왔다. 그러므로 조선의 유학자들은 『서경書經』의 「요전堯典」과 「순전舜典」에서 중요하게 다룬 기삼백朞三百과 선기옥형璿璣玉衡을 먼저 알아야 했다. 「요전堯典」에서는 요임금이 "희羲씨와 화和씨에게 명하여 넓은 하늘을 삼가 따르게 하고, 해·달·별의 운행을 기구로 헤아리고 관찰하고 기록하여[曆象], 백성들에게 농사짓는 때[人時]를 알려 주셨다.[乃命羲和 欽若昊天 曆象日月星辰 敬授人時]"라 하였고, 「순전舜典」에는 "순임금이 선기옥형으로 관측해,

칠정(해·달·오행성)을 정하셨다.[舜乃在璿璣玉衡 以齊七政]"는 기록이 나온다. 성인으로 추앙받는 요순을 본받는 것을 곧 천도天道를 실현하는 왕도정치로 여겼기 때문이다.

기삼백은 절기에 따라 윤달을 넣는 기본원리이다. 선기옥형은 천체의 정확한 운행원리를 파악하고, 그 원리를 이용하는 의기이다. 즉 임금에게는 천재지변을 막고 농사의 편의로 민심을 안돈시키는 치세의 방편으로 활용되었고, 성리학자들에게는 덕성함양의 기본적인 도구로 활용된 일종의 천문관측기구였다. 조선 중기를 지나면서 사대부들은 스스로 천문현상을 관측하고 직접 관측의기를 제작하기도 하였다. 퇴계 이황과 우암 송시열도 천문기기인 혼천의를 직접 만들어 천체 운행의 원리를 이해하고자 몰두한 바 있다.

성리학자로서 천문현상을 관측하고 그 원리를 이해한 자가 괴담이었다. 괴담은 천문역법을 단순히 역학, 음양오행과 관련된 상수학적 관점에서만 연구한 것이 아니었다. 이용복은 당시 유학자들은 직접적인 수학적 계산을 하지 않은 데 비해, 괴담은 천문역법의 모든 원리를 파악하고 수학적 방법으로 직접 계산하였으며, 『서계쇄록書計瑣錄』에 수학적 내용이 많이 포함된 것을 보면, 그가 수학에도 재능이 뛰어났다고 한 바 있다.

또한 그는 산수를 즐겨 집 근처 회화나무 아래에 직방당直方塘이라는 작은 연못을 파고, 늘 여기에서 독서하고 천문관측을 하였기에 '괴담처사槐潭處士'라고 불렸다. 괴담은 밤에는 천상을 살펴 성신을 변별하고, 낮에는 산천을 측량하였다. 이를 위해 혼천의를 제작하였고, 1774년(영조 50)에는 일영대日影臺를 쌓고는 만물의 변화를 탐구하고 만물이 생성되는 이치를 궁구하였다. 지금 봉화의 녹동리사鹿洞里社로 올라가는 길 아래 연못 한쪽에 '직방당直方塘'이라는 글자와 태극 문양이 새겨진 표석이 있다. 괴담은 이곳을 일영대라 이름 붙이고 해시계를 두었고, 밤에도 하늘을 관측했다고 전한다.

괴담은 1774년(영조 50) 16세에 도산서원을 방문해 퇴계가 간재艮齋 이덕홍李德弘에게 명해 제작한 선기옥형을 세심히 관찰하였다. 이어 자신의 선기옥형을 만들어, 일영대에서 천체를 관측했다. 그러나 이 선기옥형은 전래되지 않는다. 그가 5년 뒤인 1779년(정조 3) 21세에 다시 만든 혼천의도 전래되지 않는다. 세 번째로 만든 혼천의가 한국국학진흥원에 보관 중인 선기옥형이다. 이 '배상열 혼천의 선기옥형'은 보존 상태는 물론 정교함에서도 으뜸으로 평가받고 있다.

괴담의 선기옥형에 대해서 봉화의 청량산박물관에서 두 차례에 걸쳐 학술발표회를 개최하였는데, 여기서 이용복·이용삼·정진호 등이 선기옥형에 대한 연구를 발표하였다. 그 연구에 따르면 십자받침 바닥면에 "1779년(정조 3)에 먼저 만들었고, 1785년(정조 9)에 거듭 만들었다. 재목이 좋지 못하고 솜씨가 용렬해 정밀하게 만들지 못했다. 솜씨가 뛰어난 장인과 좋은 재목을 기다려 고쳐 만들어야 할 것이다.[己亥草 乙巳重 而材惡手庸 猶未精 復當俟善

괴담이 제작한 선기옥형(우진웅 제공)

手良材更造]"란 묵서가 있다고 한다. 이 묵서를 통해 제작 연도와 제작 내력을 알 수 있다. 이로써 괴담이 1779년(정조 3)에 먼저 만들었다고 하는 선기옥형은 전래되지 않으며, 한국국학진흥원에 보관 중인 선기옥형은 1785년(정조 9)에 보완해 제작한 것임을 알 수 있다. 다른 혼천의에서는 볼 수 없는 묵서 기록이어서 역사적인 가치가 높다 하겠다.

괴담의 혼천의는 규모나 정밀도에 있어서 1669년(현종 10) 관상감觀象監 교수였던 송이영宋以穎과 이민철李敏哲이 제작한 자명종혼천의(국보 제230호), 우암 송시열의 혼천의, 홍대용의 혼천의에 비해 뒤지지 않는다. 재질도 다른 혼천의에서 볼 수 없는 목재를 사용했다. 괴담의 혼천의는 일부 부품이 유실되고 훼손된 상태지만, 『서전書傳』의 「선기옥형도璿璣玉衡圖」에 언급되어 있는 혼천의의 모든 부품을 갖춘 구조이다. 괴담이 만든 선기옥형은 조선 사회의 정치사상 및 자연관을 이해하는 좋은 자료로 인정받아 2019년 3월 25일 경상북도 유형문화재 제535호로 지정되었다. 조선 후기에는 국가 차원에서 혼천의를 여러 차례 제작했으나, 개인적으로 제작한 경우는 매우 드물어 희소한 유물이기 때문이다.

괴담의 생애는 너무도 짧았지만 학문적 업적은 매우 컸으므로, 1829년(순조 29) 괴담의 묘소를 옮긴 후 모인 유림이 향사를 지내자고 의논을 모았다. 사후 문중과 유림이 상소해 나라에서 통훈대부 사헌부감찰을 증직했다. 괴담이 거처하던 곳에 강당, 묘우와 함께 사원祠院을 건립하려고 시도하였으나, 경제적 여건이 마련되지 않아 숙원사업으로 남겨 둔 채 23년이 경과되었다. 사림에서 적극적으로 지원하고 봉화현감의 도움을 이끌어 내어, 마침내 1852년(철종 3) 봉화읍 석평2리 녹동에 녹동리사鹿洞里社를 완공시킬 수 있었다. 녹동리사는 서원과 같이 강당과 묘우를 갖추고 있었지만, 교육보다는 향사의 기능을 중시한 곳이었다. 본래는 모두 다섯 채였는데, 지금은 녹동리사 한 채만 남은 상태이다. 네 채의 현판은 한국국학진흥원에 기탁되어 있다.

백죽당의 정신을
이어

2 충절의 정신을 계승한 후손

1) 임란의병에 헌신한 금역당琴易堂과 의사공義士公

조선시대 유학자들은 평소에는 선비로서 학문에 정진했지만, 국가 유사시에는 나라를 지키기 위해 발 벗고 나섰다. 금역당 배용길도 그중 한 사람이었다. 금역당은 임연재의 장남으로, 평소에는 학문에 정진하면서 후학 양성에 힘쓰고 있었다. 1592년(선조 25) 왜군이 침략했다는 사실과 동래가 함락되었다는 소식이 전해지면서, 국가 기강이 문란한 상태에서 수령이 도주한 지방도 있었다. 이로써 왜군을 방어하는 최전선이었던 영남 지역 백성들의 삶은 도탄에 빠질 수밖에 없었다.

의사공과 월성이씨를 기리는 봉화 유록의 쌍절려

이때 금역당은 기봉岐峯 류복기柳復起(1557-1617)·운천雲川 김용金涌(1557-1620) 등과 함께 8월에 안동·예안·의성·의흥·군위의 인사와 안동 일직에서 회맹하고 안동열읍향병安東列邑鄕兵을 결성하였다. 9월에는 안동, 예안, 영천(현 영주), 경상 하도의 의병까지 합쳐 명실공히 경상좌도의 모든 의병을 아우르는 만여 명의 대규모 부대가 되어 왜적과 싸웠다. 이때 향병은 근시재近始齋 김해金垓(1555-1593)를 대장으로 추대하였고, 금역당은 그의 부장副將으로 활약하면서 왜적과 크고 작은 전투를 하였다. 향병은 경상도 곳곳을 다니며 왜적을 섬멸하였으며, 근시재 김해는 1593년(선조 26) 6월 경주 싸움터에서 순국하였다. 이때의 전투에 대해서 경상북도 유형문화재로 지정되어 있는 『향병일기鄕兵日記』에 자세하게 기록되어 있다.

의사공義士公 배인길裵仁吉(1571–1592)은 배삼근裵三近의 장남이며, 임연재의 생질이다. 자는 경보敬甫이다. 부인은 월성이씨 이윤숙李胤叔의 따님이다. 의사공은 어려서부터 무예가 출중하고 활과 창검에 뛰어났다고 한다. 임진왜란 때 의병으로 참가하여, 용궁에서 적의 대부대를 맞아 격전한 끝에 22세의 젊은 나이로 순국하였다. 시신을 찾지 못해 의관장衣冠葬을 지냈으며, 전사한 의병들과 같이 의사총義士塚에 묻혔다. 그의 전사 소식을 듣고 부인 월성이씨月城李氏는 자결하였다. 의사공의 충의정신과, 자결한 배위 월성이씨의 굳은 절개를 기리기 위해 순조 때 내린 쌍절려雙節閭가 봉화 유록에 있다.

2) 독립운동에 공헌한 후손들

임연재의 후손들은 일제치하 독립운동에 족적을 남기기도 하였다. 김희곤이 『안동 독립운동가 700인』에서 밝힌 바에 따르면, 백죽당 후손의 활약도 상당수 수록되어 있다. 대표적인 인물로 임동면 중평동 편항시장(채거리)에서 시위를 주동해 대구형무소에서 복역한 배혁모裵赫模(1875–1960), 옥중에서 순국한 배태근裵太根(1871–1923), 징역 2년을 선고받고 대구형무소에서 복역하다가 옥중에서 순국한 배방우裵方于(1894–?)가 있다.

또한 비밀결사 단체인 상록회에 가입하여 민족사상을 함양하고 농촌계몽활동을 펼치다가 2년 6개월을 복역한 배근석裵根錫(1919-1979), 신돌석 의병에 참여하여 항일전을 전개하다가 대구지방재판소에서 징역 15년을 언도받고 옥고를 치른 배선한裵善翰(1886-1961), 화성회火星會와 기우단에서 활동한 배세표裵世杓, 화성회에 가담하여 활동하다가 일경에게 체포되었고, 그 후에도 전신불구의 몸으로 독립만세시위를 벌인 배한수裵漢守(1902-1935) 등이 있다.

만주 길림성 통화현으로 망명한 후 1919년 한족회에 참여하여 지방 연락원으로 활동하면서 이상룡·김동삼 등과 함께 만주로 이주한 동포들의 안정된 정착을 위해 황무지를 개척하고, 청년 교육을 위해 노력한 배영진裵永進(1864-1919), 배영진裵永進을 따라 만주 한족회韓族會에서 연락원으로 활동한 배명특裵命特(1904-1979)이 있다. 통화현에 동진학교東進學校를 설립해 청년 교육을 한 배인환裵仁煥(1873-1917), 부친 배인환을 따라 만주로 가 신흥무관학교 교관으로 활동한 배재형裵在衡(1894-1919), 중국 동삼성 유하현에서 항일투쟁을 전개하다가 대구지방법원에서 징역 3년을 언도받은 배승환裵昇煥(1885-1951), 만주로 망명하여 유하현에서 안동 출신 인사들과 활동한 배석환裵奭煥 등도 들 수 있다.

가장 최근 인물인 배동환(1898-1984)의 자는 인백仁伯, 호는 백저白渚이다. 그는 임연재의 후손으로, 일제강점기에는 독립운동가였으며, 광복 후에는 한학자로 명망이 높았다. 부친은 배광직裵

光稷이며, 모친은 광산김씨 근시재 김해의 후손인 김성교金性敎의 따님이다. 백저는 어려서 총명함이 무리에서 뛰어나 서파西坡 류필영柳必永이 큰 그릇으로 여겨 "이 아이는 집안의 큰 인물[麟鳳]일 뿐 아니라 훗날 유림의 명망 있는 인물이 될 것이다."라 하였다고 한다. 15세까지는 조부에게 기본 전적을 배웠고, 16세 때 류필영柳必永에게 수학하였다. 류필영이 사망한 후 학산鶴山 금용하琴鏞夏에게 배웠고, 1921년 동산東山 류인식柳寅植이 대구에 설립한 사학의 효시인 교남학관嶠南學館에 들어가 수학하였다. 세 선생은 모두 당대 영남의 대유로서 많은 인재를 길러 낸 분들이다.

당시 동산은 사방을 둘러보아도 운신할 길이 없고 운명과 때가 어그러져 있어서 초야에 묻혀 지내면서 사우 간에 행검과 학문으로 왕래하고 있었다. 교남학관에서 동산 류인식은 유림의 선각자로서 민족의 대의를 창도하고 민지를 계발함으로써 나라의 광복을 찾을 수 있다고 지도하였다. 백저는 이 뜻을 이어받아 세계 대세의 흐름을 알고, 옛것을 혁신하고자 하는 유신의 뜻을 가지게 되었다.

백저는 1919년 12월 차경석車京錫이 교주로 있는 흠치교(초기 증산교)에 가입하여 겉으로는 포교활동을 하면서 내부적으로는 국권회복을 위한 항일운동을 전개하였다. 흠치교에서는 교단 조직을 이용해 치성비致誠費란 명목으로 군자금을 모금하면서 조선의 독립을 확신하고 이를 달성하기 위한 투쟁을 벌였던 것이다. 백저는 '갑자년(1924)이 되면 흠치교의 힘으로 조선이 독립할 것'이라고 선전하면서 자금 모집 및 포교에 힘을 쏟다가 일제 경찰에 체포되었다. 1921년 4월 21일 대구지방법원에서 소위 제령制令 제7호 위반으로 징역 1년을 선고받고 옥고를 치렀다.

이 시기는 방황기였던 것으로 보인다. 스승 류필영의 제문에서 "나이가 아직 어려 재주와 기량을 헤아리지 못한 채 다행히 의귀할 곳을 얻었다고 망령되게 스스로 생각하여, 가르침을 받고 가까이 모시면서 보고 느끼며 떨쳐 일어날 바탕으로 삼을 수 있으리라 여겼습니다. 그러나 불행히도 시사가 크게 어긋나고 학술이 많이 나뉘어져 한 시대의 선비가 방황하여 길을 잃게 되었습니다. 소인은 뜻을 세움이 견고하지 못하고 발을 내딛음이 정해지지 못하여 경솔하게 새로운 사조를 범하고 시속에 휩쓸려 제가 멈춰야 할 곳을 몰랐으니, 길을 잘못 들어선 것이 아주 작은 데서 시작하여 마침내 어긋난 것이 이 지경에 이르게 되었습니다."라고 하였다.

출옥 후 1924년에는 류인식의 장자인 류준희柳浚熙와 함께 고향에 오산학교五山學校를 설립하여 후진 양성에 힘을 쏟았으나, 왜정의 탄압으로 폐교되고 말았다. 1927년 8월 동산 류인식이 신간회新幹會를 창립하여 안동에 지부를 설립하자, 신간회 안동지회에 참여하였고, 1929년 8월 안동지회 집행위원으로 선출되어 사회단체를 통합해 하나의 큰 항일 세력을 이루었다. 1928년에는 예안으로 옮겨 살았으며, 1935년에는 영양 현동縣洞으로 옮겼고, 1938년 고향으로 돌아왔다. 1941년 월곡月谷 미질美質로 옮겼다. 이즈음 일정의 위해를 피해, 만주로 건너가 독립운동을 계속한 것으로 보인다. 만주에서도 비적에게 전신을 난자당하는 해를 입어 설산에서 의식불명이 되어, 반년이나 치료한 후 구사일생으로 살아났다. 1943년 환국해 봉화 석평에서 살았다.

광복 후에는 안동과 대구에서 저술과 교육활동을 하였다. 광복 후 사회의 혼란과 사상의 갈등으로 온 나라가 혼돈상태일 때 선생은 은인자중하면서 음울한 세월을 보냈다. 그럼에도 아직 전 시대의 유풍이 남아 있어, 조상을 위한 묘도문이나 문집의 서발문을 작성해 달라는 요청이 몰려들었다. 그만큼 백저는 유학과 한문으로 내외에 명성이 드높았다.

임연재가 나라를 빛낸 공이 높았음에도 공신록에서 빠져 공로와 사적이 사라져 가는 것을 한스럽게 생각하던 백저는 1953년 대구로 옮겨 살면서 임연재가 남긴 저서 『조천록朝天錄』과 이후 상소한 문장을 합하여 한 책으로 만들었다. 또 류필영과 류인식의 유집, 고을 선배들의 글을 간행하거나 교정하는 일에도 참여하였다.

사후에 남긴 글로 자손이 『백저문집白渚文集』을 간행하였는데, 권1에는 시 152수, 권2에는 서 32편, 잡저 2편, 권3에는 서 43편, 권4에는 기 25편, 발 26편, 찬 1편, 권5에는 상량문 10편, 축문 34편, 제문 29편, 뇌문誄文 1편, 권6에는 비명 11편, 묘지명 4편, 묘표 2편, 묘갈명 63편, 행록 2편, 행장 7편, 유사 5편이 수록되었다.

그의 문장은 격식과 필력을 숭상하여 구질구질한 것을 떨쳐내어 청신하고 간결하며 세속의 진부한 구석이 없었다. 시 또한 평이하고 담박하며 우아하고 웅건하여 의취가 멀리까지 미쳤는데, 그의 성정이 그러했기 때문이다. 백주白洲 이원윤李源胤은 백저의 문장에 대해 "문장이 간결하면서도 선생의 우국충정의 정수를 나타낸 명문이니, 즐거울 때 근심할 때의 선생의 생각과 우리들의 생각을 여러 입장에서 '사思' 자로 서술하였지만 중복되거나 진부한 말이 없다."라고 하였다.

1979년 안동댐 건설로 도목의 옛 종택이 수몰되기에 이르자 안동의 송천에 터를 구해 사당과 종택, 여러 선대의 선영을 옮기는 데 앞장섰다. 1984년 사망하자 유림예장을 하였으며, 2004년 독립유공 건국훈장 애족장이 추서되었다. 문집으로 『백저문집白渚文集』이 있다.

제5장
종가의 의례

1 불천위 제례

임연재종가는 불천위로 추대된 임연재 이래 장자 계열로 내려오면서, 사회문화적으로 안동 지방의 문화적 전통을 구축하는 데 한몫을 해 왔다. 따라서 종가의 의례는 영남 남인계의 의례와 대동소이하지만, 임연재종가만의 특색도 있다.

조선시대에 양반가문은 대개 4대 봉사를 하여, 5대 이상의 조상에 대한 기제사는 지내지 않았다. 그러나 불천위 조상은 예외로 영구히 매년 기일에 제사를 지냈다. 불천위 제례는 국가에 큰 공을 세웠거나 덕이 높아서, 그 신주를 영구히 사당에 모실 것을 조정이나 유림에서 허락한 조상의 기제사를 말한다. 김미영은 불천위 추대 요건으로 ① 공존사직功存社稷, 사직 즉 나라를 지킨 공적, ② 교재사문敎在斯文, 유학의 발전에 끼친 공적, ③ 업수후예業垂後裔, 충효에 있어 모범적 삶을 살아 후대에 귀감이 되는 공적이 있어야 한다고 했는데, 이들 공적 가운데 하나라도 공인되어야 불천위로 추대될 수 있었다. 그렇지만 어떤 경우든 경상도에서는 불천위 추대에 있어 "능문能文은 필수조건이고, 능리能吏는 충분조건이다."라는 말이 전해 오고 있을 정도로, 학문이 부족하면 불천위에 추대될 수 없었다.

불천위는 추대 방식에 따라 국불천위와 유림불천위로 나누어진다. 국불천위는 국가에서 천거하든지 유림이 천거하든지 간에 예조의 논의를 통하여 국가적 공인을 받은 불천위이고, 유림불천위는 지역 유림들이 발의하고 천거하여 그들이 결정한 불천위이다. 유림불천위에도 도 단위 유림이 주체가 되면 도불천위라 하고, 지역단위 유림이 주체가 되면 향불천위라고 한다.

따라서 불천위는 엄중한 공론을 거쳐 추대된 인물이므로 백성들의 존경을 받았다. 또한 불천위 조상은 세대가 지나도 영속성을 지니면서, 후손에게는 자긍심의 원천이 되었다. 불천위 제례에는 문중 성원 다수가 참여하여 혈통적·사회적 정체성을 확립하였으므로, 불천위 제례는 혈연 공동체의 결속을 다지는 기능을 하였다.

임연재의 불천위 제례는 종가를 중심으로 한 문중 공동체를 결속하는 가장 강력한 의례로 기능해 오고 있다. 불천위는 '자손만대로 받들어 모셔야 하는 조상'이므로 4대 봉사의 대진代盡 이

전에 불천위로 추대하는 논의 과정을 거친다. 임연재가 불천위로 추대된 직접적인 기록은 전래되지 않아 불천위로 추대된 시기를 정확하게 알 수 없다. 종가의 문적이 불운을 겪었기 때문이다. 하지만 임연재도 4대 봉사 대진 이전에 불천위로 추대된 증거가 몇 가지 있다.

종가에는 1665년(현종 6)경 제작된 「기일판忌日板」이 보전되고 있는데, 그 기록을 통해 불천위로 추존된 시기는 1665년(현종 6) 이전으로 추정할 수 있다. 그 「기일판」의 목판 위에는 종손이 바뀔 때마다 덧붙여서 겹겹이 붙인 종이가 있다. 「기일판」은 1663년(현종 4) 18세 배석裵晳이 졸한 후 제작한 것으로, 19세 배행건裵行健의 4대조인 15세 금역당 배용길의 기일 앞에 5대조인 임연재의 기일이 나란히 기재되어 있었다. 5대조위는 곧 불천위를 의미하는 것이므로, 임연재가 조매되기 전에 불천위로 추대되었다는 사실을 알 수 있다.

이를 뒷받침하는 또 하나의 증거는 임연재와 비위의 신주다. 임연재의 신주 함중陷中에는 임연재 사후에는 그다지 사용하지 않은 것으로 확인되는 배裵 자로 성을 표기한 점, 비위의 신주 함중에는 다른 어디에도 없는 남난방南蘭芳이라는 실명이 기록된 점이 장례 당시에 제작한 신주임을 입증한다. 사당에 모셔진 신주가 장례 당시에 제작한 것이라는 사실은 곧, 조매되지 않은 신주이고 결국 대진代盡 이전에 불천위로 추대되었다는 뜻이다.

1590년(선조 23) 나라에서는 종계변무의 공로가 있는 신료들을 광국공신光國功臣으로 책록했는데, 임연재는 대도 양승개의 일로 말미암아 삭탈관직된 상태여서 공신에 책록되지 못했다. 임연재가 복관된 이후 광국공신 1등으로 녹훈된 윤근수尹根壽 등이 임연재를 공신으로 녹훈해 달라고 조정에 계청하였으나, 당시의 정세는 이를 받아들이지 않아 겨우 원종공신에 책록되었다. 이에 영남의 유림에서 종계변무의 공로, 양양부사와 황해도감사 등으로 나아가 목민관으로서 백성들 삶의 어려움을 해소하기 위해 헌신한 공로가 있다고 하여 불천위로 추대했을 것으로 추정할 뿐이다.

임연재의 불천위 제례도 기본적으로 『주자가례朱子家禮』의 절차를 따르면서 형편에 따라 변통하긴 했으나, 근래에는 크고 작은 여러 변화가 생겼다. 제례 시간·절차·진설을 약간 변경한 것이다. 근래 많은 가문에서는 제례 날짜를 다른 날로 옮겨 지내기도 한다. 그러나 임연재의 불천위 기일은 삼복더위이지만, 7월 초하루 기일에 그대로 지내고 있다. 이는 황해도 임지에서 삶의 마지막 순간까지 백성들과 함께하다 운명한 임연재의 정신을 기리기 위함이라고 한다.

원래 돌아가신 날 가장 이른 시간인 자정 직후에 제향하였으나, 근래에는 참사자의 편의를 고려하여 시간을 물려 저녁 8시경에 지내고 있다. 제례 장소는 옛날과 같이 신주를 사당에서 대청으로 모셔서 지낸다. 임연재 불천위 제사는 원래 고비단설考妣單設이었으나, 2017년부터 고비합설考妣合設로 지내고 있다. 제사 지낼 때 해당 조상의 신주만 모시면 고비단설이라 하고, 배우자를 함께 모시면 고비합설이라 한다. 합설하면서 내외의 제사상을 별도로 마련하지 않고, 하나의 제상에 메·갱·잔·시저만 고위용과 비위용을 따로 올리고, 나머지 제수는 한꺼번에 차린다.

1) 제례 절차

(1) 제사 준비

불천위 제례의 차례는 홀기에 따른다. 홀기는 표지를 제외한 10면의 절첩본이다. 홀기에는 사당에서 신주를 모셔 나올 때 아뢰는 출주고사出主告辭와 축문祝文 등의 서식이 수록되어 있다. 불천위 기일에 제관들이 도착하면 종손을 중심으로 제례의 소임을 맡을 집사를 정한 후 긴 종이에 붓으로 기록하여 벽에 게시한다. 이 집사분정執事分定에서는 초헌·아헌·종헌의 헌관, 축문을 맡을 축관, 홀기를 부를 찬자, 진설을 맡을 진설, 헌관을 안내할 알자, 의식의 순서를 읽을 찬인, 향을 맡을 봉향, 향로를 맡을 봉로, 헌관에게 잔을 받아 건넬 봉작, 잔을 받아 신주 앞에 올릴 전작, 헌작할 술을 맡을 사준 등 도합 15명 정도의 소임을 정한다. 분정의 끝에는 원原 자를 쓴다. 이렇게 제사에 소임을 맡기로 분정된 참사자는 참정원參定員이라고 한다. 제수는 며칠 전부터 준비하지만, 종부는 이날 하루 종일 분주하게 제수를 장만한다.

그러면 홀기 순서에 따라 제례를 따라가 보기로 한다.

제청(영남문화연구원 제공)

(2) 제청祭廳 마련

저녁 8시가 넘으면 제청인 대청에 병풍을 펴고, 병풍 앞에 교의와 제상을 설치한다. 제상의 좌측 뒤편에 스승인 퇴계 선생으로부터 받은 '임연재'라는 글씨로 만든 큰 족자를 건다. 이는 임연재가 퇴계 선생의 제자였다는 사실과 임연재가 자신의 호를 '임연'으로 한 취지를 후손에게 다시금 새기게 하기 위함이다. 제상 위 좌우에는 촛대를, 제상 앞쪽에는 향로와 향합, 모사기와 퇴주기를 제자리에 둔다. 그리고 술병과 헌작용 잔, 진다에 쓸 맑은 물을 놓는다. 그리고 집사가 손을 씻을 관세위盥洗位를 설치하면 제청 마련이 끝난다. 이후 찬자가 부르는 홀기에 따라 시행한다.

(3) 진설陳設

준비된 제수를 장만해서 설상을 마치면 촛대에 불을 붙인다. 이어서 제수를 진설하는데, 제수 진설은 5열로 한다.

신주를 정면에 두고 앞에 섰을 때, 신주 쪽 1열에는 잔을 두고, 2열에는 시저를 두고, 곡물 종류인 면·갱·메·편을 올리며, 양쪽에는 촛대를 둔다. 편은 높이 올리지 않는다. 이는 노심초사하면서 기민을 구제하다가 병석에 누운 임연재를 돌보기 위해 아들이 올린 음식조차도 법도에 어긋난다고 물리친 일을 상기시키기 위한 것이다. 또한 음식이 쉽게 상하는 여름이라 잘 쉬지 않는 증편을 올리는데, 증편은 높이 올리면 서로 압착되어 한 덩어리가 되기 때문에 현실적인 면에서도 높이 올릴 수 없다. 그러다 보니 다른 제사에서도 균형을 맞추느라 높이 올리지 않는다.

3열에는 탕과 도적, 그리고 편적을 올린다. 도적은 3열 한가운데에 올린다. 불천위 제례의 핵심 제물인 도적은 껍질 벗긴 통북어, 고등어, 상어, 방어, 소고기를 꼬치에 꿰어 익혀서 하나의 제기에 고임 방식으로 담는다. 담는 방식은 하단에서부터 어류, 육류의 순서로 올린다. 송천동으로 이주한 이래 고기는 익혀서 쓴다. 도목에 살 때는 생육生肉을 올렸다가 다음 날 아침에 익혀서 서로 나누어 먹었으나, 송천동 이주 후에는 전국 각지에서 온 종친들이 모여 있을 때 나누어 먹기 위해 숙육熟肉을 올린다. 탕은 5탕을 올리는데, 소탕(무)·어탕(고등어, 방어)·육탕(소고기)·포탕(명태)·잡탕(혼합)이다.

4열에는 조기로 만든 자반, 채소류, 그리고 간장과 침채를 올린다. 채소류로는 청채(시금치나 푸른 배추), 근채, 경채 다섯 가지를 세 그릇에 담아 올린다. 전으로는 배추전 또는 미나리전을 올린다. 5열에는 좌측부터 대구포, 대추, 밤, 곶감, 배, 사과, 그리고 제철 과일인 참외와 수박, 이렇게 7과를 올린다. 술은 인삼주 또는 법주를 올린다. 진설할 때는 5열부터 시작해서 4열, 3열, 2열, 1열 순서로 한다. 이로써 출주, 참신, 강신을 위한 준비가 마무리된 것이다.

(4) 출주出主

출주는 신주를 사당에서 제사 지내는 청사로 모셔 오는 의례이다. 찬자의 창홀唱笏에 따라 제주(종손), 축관, 알자 등이 함께 사당의 동문으로 들어선 후, 제주는 동쪽 계단을 통해 뜰로 올라서고, 다른 제관들은 중앙 계단을 통해 뜰에 오른다. 뜰에 올라 부복한 후 분향을 하고, 제주가 출주고사를 한다. 제주 및 제관들은 재배하고 제주는 사당의 중앙 문을 통해 들어간다. 제주는 신주가 들어 있는 혼독魂櫝을 앞으로 안듯이 모시고 중앙 문으로 나와 서쪽 계단을 통해 마당으로 내려서서 앞서 촛대를 든 제관과 함께 중앙 문을 통해 밖으로 나서고, 다른 제관들은 들어올 때와 마찬가지로 동쪽 문을 통해 나간다. 제주는 혼독을 제청 교의에 안치한 뒤, 혼독의 문을 열고 덮개를 벗긴 다음 제자리로 돌아간다.

출주고사(영남문화연구원 제공)

(5) 참신參神과 강신降神

혼독을 교의에 모시고 개독한 후 알자를 제외한 모든 제관이 재배하는데, 이는 조상신을 맞이하는 의례로, 참신이라 한다. 참신례가 끝나면, 제주는 알자의 인도로 관세한 후 제상 앞에 부복하고 분향하고 재배한다. 분향은 하늘에 있는 혼魂을 모시는 의례이다. 분향을 마치면 술을 맡은 사준이 술독에서 술을 떠서 제주에게 전하고, 제주는 이를 받아 모사기에 붓고 재배한다. 모사기에 술을 붓는 것은 땅속에 있는 백魄을 모셔 오는 의례이다. 이렇게 하늘과 땅의 신, 즉 혼백을 불러 임재臨在하게 하는 것을 강신이라 한다.

(6) 초헌初獻

강신례를 마치면 초헌을 한다. 초헌례는 삼헌례의 첫 번째로, 봉사손이자 제주인 종손이 술을 올리는 의식이다. 초헌을 한 후 초헌관 및 제관들은 부복하고, 축관은 초헌관의 좌측에 부복한 채 독축한다. 독축이 끝나면 초헌관은 재배하고 물러난다.

(7) 아헌亞獻과 종헌終獻

아헌은 두 번째 술잔을 올리는 것이며, 종헌은 세 번째 술잔을 올리는 것이다. 아헌관과 종헌관은 세 번 제작한 후 잔을 올린다. 임연재 불천위 제사에서는 전통적으로 아헌을 종부가 하지 않고 문중의 남성들이 하였다. 이것은 부계중심적 유교사회의 내외윤리와 관련된 현상이다. 안동 지역에서는 불천위 제사를 안대청(안마루)에서 지내는 종가도 있고, 제청형 대청에서 지내는 종가도 있다. 전자는 주거공간에서 제청형 대청이 분화되기 이전 시대의 기제사 방식을 잇고 있는 고형이며, 후자는 남녀유별의 논리에 따라 제청형 대청이 분화된 뒤에 여기서 불천위 제사를 지내는 형식이다. 제청형 대청에서 불천위 제사를 지내는 임연재종택의 건축 구조로 볼 때 엄격한 내외윤리에 따라 제례 시에는 종부의 대청 출입도 제한되었다. 더욱이 불천위 제사에는 후손들뿐만 아니라 다른 문중의 남성들도 참사하므로 종부가 외부 남성과 마주치지 않도록 하기 위해서 종부의 아헌이 제한된 것이다. 기본적으로 부계우위적 사고에 따라서 아헌도 문중의 남성들이 하는 것

아헌례(영남문화연구원 제공)

이 적절하다고 생각한 것이다. 지손들의 '헌관 한번 하기 힘들다'는 말은 남성들이 헌관을 하고 싶은 마음이 크다는 뜻이다.

옛날에는 아헌은 보통 임연재의 자손이 해 왔고, 종헌은 임연재의 방손이 해 왔지만, 지금은 그런 구별을 하지 않는다고 한다. 요즈음은 헌관을 정할 때 장유長幼순으로 정한다고 한다. 제사에 참예하는 자손이 옛날만큼 많지 않은데, 당일 보니 나이가 맞지 않는 일이 발생하기 때문이다. 아헌을 젊은 사람이 하고, 종헌을 나이 많은 사람이 할 수는 없기 때문에 연령에 맞추어 안배를 한다.

(8) 유식侑食

유식은 삼헌례를 마치고 혼백이 음식 드시기를 기다리는 절차이다. 삼헌례를 마치면 집사는 종헌관이 제작한 만큼 잔에 첨작하고, 식기의 뚜껑을 젖혀서 일정한 곳에 두고 삽시정저揷匙正箸(숟가락은 메에, 젓가락은 편에 둠)를 한다.

(9) 합문闔門

합문은 혼백이 편안하게 음식을 드실 수 있는 시간을 드리는 것이다. 제상 뒤에 친 병풍을 제상을 중심으로 안으로 오므리듯이 하고 모든 제관은 부복한 후 일정 시간 동안 기다린다.

(10) 계문啓門

유식과 합문을 통해 혼백이 음식을 드실 동안 기다렸다가 조심스럽게 축관이 앞으로 한 발짝 나와서 세 번의 헛기침[삼희三噫]을 하고 병풍을 연다.

(11) 진다進茶

혼백이 드신 갱을 숭늉으로 바꾸어 올리는 차례이다. 국그릇을 숭늉으로 바꾸면서, 유식 때 메에 꽂았던 숟가락으로 약간의 메를 떠서 숭늉에 담는다. 그런 다음 참사자들은 잠시 국궁하여 기다린다. 축관이 헛기침을 하면 참사자들은 허리를 펴고[평신平身] 집사는 수저를 내리고 메 뚜껑을 닫는다. 끝나면 축관은 서쪽에서 동쪽으로, 제주는 동쪽에서 서쪽으로 마주 보고 서서 읍하며 일이 순리대로 잘되었음을 고한다.

(12) 사신辭神과 납주納主

사신은 제례를 마치고 혼백을 다시 보내는 절차이다. 참사자가 모두 재배해서 보낸다. 이어 제상에서 잔을 내려 퇴주하고, 종손이 신주의 덮개를 씌우고, 혼독의 문을 닫으며, 축관은 축문을 태우는 분축焚祝을 한다. 이 절차가 끝나면 납주하는데, 납주는 신주를 사당의 감실에 도로 봉안하는 차례이다. 출주할 때와 마찬가지로 축관이 인도하고, 종손이 뒤를 따라 신주를 감실에 공경히 모신다. 사당에 들어갈 때는 신주를 모셨으므로 중문으로 들어가고, 나올 때는 동문으로 나온다. 이어 제수를 철상하여 음복할 준비를 한다. 제수를 철상할 때는 진설할 때의 순서와 반대로 신주 쪽의 1열부터 시작해서 마지막에 5열을 물린다.

(13) 음복飮福

사신과 납주가 끝나면 초헌관을 중심으로 모든 제관들이 음복한다. 음복은 조상이 드신 음식을 참사자들이 다시 나누어 먹음으로써 복을 받는다는 뜻이지만, 본질적으로는 조상과 후손이 일체가 된다는 의미이다. 또한 참사하지 못한 일가들에게도 골고루 복을 나누어 주기 위해 퇴선退膳을 마련한다.

임연재 신주(영남문화연구원 제공)

정부인 신주(영남문화연구원 제공)

사당의 감실(영남문화연구원 제공)

종가의 의례

2 변화하고 있는 종가의 의례

조선시대 사대부는 삶을 영위하는 데 필요한 행위 규범으로, 『주자가례』를 기반으로 한 관례·혼례·상례·제례를 거쳤다. 기호학파는 『주자가례』를 불변의 가치로 절대시하여 묵수하였으나, 영남학파는 『주자가례』에만 집착하지 않고, 고사와 고례를 참고해 적절하게 시행했다. 예를 시대에 맞게 변화시키는 것이 순리라 생각한 것이다. 그 결과 영남학파의 예학은 개방성과 현실성이 농후하게 되었다고 한다.

성인이 되면 치르던 관례는 단발령 이후 일제강점기에 사라졌다. 혼례는 신부 집에서 치르던 것을 광복 후부터 점차적으로 전문 혼례식장에서 서양식으로 치르게 되었다. 상례의 경우 전통적으로 고인의 집에서 치렀는데, 현대에는 의술의 발달로 병원에서 사망하는 일이 증가함에 따라, 자연히 병원에서 장례를 지내는 것이 일반화되었다. 종가에서도 이들 의례는 시속을 따르고 있다.

다만 아직도 제례만큼은 전통을 견지하면서 지내고 있다. 이 가운데 가장 중시하는 의례는 불천위 제례이다. 임연재종가의 불천위 제사는 현재 종손의 부친이 생존해 계실 때에는 기일의 자시子時에 지냈다. 그러나 현재의 종손이 2017년 길사를 지내고 종손이 된 후부터 고위考位·비위妣位를 합설해서 고위의 기일에 지내고, 시간도 초저녁에 지내기 시작했다. 새벽 2~3시쯤 제사가 끝나니, 타지에서 오는 제관들이 귀가 후 잠도 못 자고 출근하는 부담을 덜어 줄 필요가 있다고 생각했기 때문이다. 기본적으로 자기 생업을 포기하고 조상을 모시는 시대는 지나갔으므로, 현시대에 적응할 수 있는 범위에서 조정이 불가피하다고 생각한 것이다.

불천위 이외의 제사는 횟수도 제수의 가짓수도 줄인 편이다. 제수와 절차는 대체로 불천위 제사에 준한다. 다만 불천위 제사에서 편은 여름에 쉽게 쉬지 않는 증편을 올리는데, 증편은 서로 압착되어 한 덩어리가 되기 때문에 높이 올리지 못한다. 따라서 다른 제수도 균형을 맞추느라 높이 올리지 않는다. 콩고물 시루떡, 절편(백, 청), 경단(콩고물), 부편, 잡과편, 깨구리, 전, 주악, 송기송편에 조청을 곁들여 쓰되, 높이 쌓지 않는다.

시사는 10월 초하루부터 지내는데, 가야 할 산소가 서른 기基

불천위 제사 때의 편(영남문화연구원 제공)

이다. 그나마 합장된 분이 많아 내려온 대수에 비해 적은 편이다. 입향조 백죽당의 시사는 음력 10월 17일로, 윤달이 드는 해에는 양력 12월 초가 되어 눈이 내리기도 하여 유사나 참사자들이 고생을 하는 일도 많았다. 평일인 경우에는 젊은 제관들이 올 수 없으므로, 종손의 부친인 21대 종손이 문중의 논의를 거쳐 양력 10월 9일 한글날로 바꾸었다. 제사에는 자손들이 참사하는 게 기본인데, 자손들이 참사할 수 없는데도 오래된 법도만 고수하다가는 젊은 사람들에게 대물림을 할 수 없을 것 같아서였다. 종손의 22대조인 안동 입향조 백죽당부터 14대조인 금역당까지는 회전시사會奠時祀를 지내고 있고, 선조들의 시사 날짜 역시 양력 11월에 주말을 택해서 지내고 있다.

종손은 5대를 독자로 내려오다 보니 8촌 이내의 당내친이 없고, 또 도목이 수몰되면서 종택 근처에 살던 지손들이 산지사방으로 흩어져, 현재 종택 주변에는 거주하는 지손이 거의 없다 보니 추석과 설 차사에 참사자가 거의 없는 형편이다. 이에 추석 당일 차사는 양력 11월 시사로 대체하고, 설에는 제수를 간소하게 장만해 사당에서 종손 가족들과 소수의 참사자가 함께 지내고 있다.

종가의 의례

3 종가의 가전음식

반가의 음식은 지방에 따라 다양하면서도 유사한 면이 있다. 이는 혼반관계로 서로 얽혀 있기 때문에 교류 과정에서 전파되고 전수되기 때문이다. 그러면서도 구성원의 기호에 따라 그 가문만의 특별한 음식도 있다. 임연재종가의 음식에 대해서는 배영동이 정리해서 간행한 『안동지역 종가음식의 조리법과 문화』란 책이 있어서 이를 원용하기로 한다.

종가의 대표적인 제사음식은 증편·청절편·송기송편·경단·잡과편·쑥구리·깨구리·부편·전·조약·오탕·식혜·채소와 물김치 등을 들 수 있고, 접빈음식은 법주·인삼주·청주·가루술·점주·안동식혜·육회·건진국수·대구보푸름 등을 들 수 있다.

종가에서 제수로 제일 먼저 준비하는 것은 술이었다. 술은 제사에도 올리고, 접빈에도 사용하였는데, 그중 대표적인 술은 인삼주였다. 오래 숙성시킨 인삼주는 종가에서 제일 귀한 술로 여겼다. 인삼 10채로 1년간 사용할 술을 담갔다. 인삼주를 담글 때는 부엌에 금줄을 치고 부정한 것이 드나들지 않게 조심하면서, 특별히 정성을 기울였다고 한다. 대개 동지에 담가 땅에 묻어 두었다가 입춘에 꺼내는데, 거르지 않고 걸쭉한 상태로 마신다. 독하면서 귀하기에 1년에 한 번 담가 1년 내내 귀한 손님도 대접하고, 어른의 생신상에도 올렸다.

그다음 술은 제사상에도 올리는 청주였고, 가루술도 귀한 술이었다. 가루술은 찹쌀로 만드는 술인데, 찹쌀가루가 느껴질 정도로 걸쭉하다. 희석 비율에 따라 음료가 되기도 해서 남녀 가리지 않고 마시던 술이다. 점주는 주로 여름에 담그는데 찹쌀로 고두밥을 지어 만들었고, 마실 때는 잣이나 대추를 채 쳐 띄웠다. 손님도 대접하고 집안사람들도 마시는 술은 탁주였다. 이처럼 다양한 술을 빚어 두었다가 상황과 격에 맞게 대접하고 음용하였다.

제사음식의 본편으로 여름에는 증편, 그 밖에는 시루떡을 만들었다. 송편은 송기송편, 절편은 쑥을 넣은 청절편을 준비하였다. 청절편은 쌀과 찹쌀에 쑥을 섞어 찐 후, 떡살로 눌러 만든 떡이다. 송기송편은 소나무 속껍질을 벗겨 삶고 우린 다음 쌀과 함께 찧어 소를 넣고 찐 떡이다. 증편을 올릴 때는 면을 고르게 하기 위해 신경을 많이 쓴다고 한다. 떡을 찔 때 위에 자소엽을 올리면 향이 좋고 맛도 더 좋다고 한다.

잡과편은 찹쌀과 쌀을 가루 내어 익반죽한 후 둥글게 빚어 찐 후 대추채를 묻힌 것이다. 제사용 전은 찹쌀과 쌀을 가루 내어 대추를 다져 넣고 얇게 지진 것이다. 조약은 찹쌀과 쌀을 가루 내어 익반죽한 후 소를 넣고 반달 모양으로 지진 떡인데, 참기름이나 산초기름으로 지지면 더욱 맛있다고 한다.

종가에서 제물은 과일과 포를 제외하고 모두 다 익혀서 올린다. 고기는 닭고기는 쓰지 않고, 소고기·방어·상어·고등어를 산적으로 만들어 올린다. 탕은 불천위 제사에는 5탕을, 고조부 이하는 3탕을 올린다. 기본적으로 소탕, 어탕, 육탕을 올린다. 5탕은 무와 상어, 방어, 명태, 소고기를 넣고 끓인 것을 사용한다.

채소는 시금치, 도라지, 고사리, 무, 콩나물 등 5가지 나물을 무쳐 청채, 근채, 경채로 3개의 식기에 담는다. 고사리와 도라지를 한 그릇에 담고, 콩나물과 무나물을 한 그릇에 담고, 청채만 따로 담아 올린다. 물김치는 물에 소금을 넣고 무 조각을 띄운 제사용 김치이다.

육회는 귀한 손님을 위한 접대음식이었는데, 무의 물기를 없애기 위해 곱게 썰어 소금물에 잠시 담갔다가 꼭 짜서 소고기와 양념에 무쳤다. 건진국수는 밀가루와 콩가루를 섞어 반죽한 국수로, 소고기 또는 꿩고기 볶은 것과 호박 볶은 것, 계란 지단, 김을 고명으로 올린다. 종가의 건진국수는 삶은 국수 면을 찬물에 헹구어서 참기름을 넣고, 국물을 자작하게 부어 비빔국수 같은 느낌이 들게 만든다. 제사상에 올리는 국수는 물국수가 아니라 비빔국수이다. 그리고 대구포는 제사가 잦은 종가에 항상 준비되어 있어서 접빈용 안주로도 제공된다.

제 6 장

조선 전기 반가주택의 자취를 간직한 임연재종택

조선 전기 반가주택의 자취를
간직한 임연재종택

1 개축 전의 임연재종택

증참판공 배천석이 1558년(명종 13) 처음 종택을 건립한 후, 1724년(경종 4) 6월에 이르러 안동과 상주 등 여러 고을이 큰물과 메뚜기 떼의 피해를 입었다. 이때 강가에서 멀지 않은 곳에 건립된 임연재종택도 큰 해를 입어 개축을 하였다. 월봉月峯 배집裵緝(1710~1755)이 수해를 입은 종택을 영조 초에 개축한 것으로 보이며, 수재를 입은 서적도 정리해 『외암비장』이란 서목을 작성하기도 했다. 개축한 후 그려 놓은 것으로 보이는 창건 시의 평면도인 「금역당구가도琴易堂舊家圖」가 전래된바, 이를 통해 종택의 초창기 모습을 볼 수 있다. 또 이종서가 임연재종택에 대한 건물의 구조·의미·가치를 밝힌 연구, 종손이 이종서의 연구를 바탕으로 자신의 생각을 가미해서 쓴 『배려와 예의 공간, 종택』이 있는데, 여기에서는 이들 자료를 원용하여 기술하기로 한다.

흔히 집성촌이라 부르는 씨족마을이 성립된 16세기부터 종가는 그 문중의 중추적인 역할을 하였다. 종택을 중심으로 종가문화를 형성하였기 때문이다. 따라서 종택은 종손과 그 가족이 거주하는 공간일 뿐만 아니라, 관혼상제의 가례家禮를 실천하는 공간이었고, 가문을 대표하면서 자손 간의 결속을 다지는 공간이었다. 흥해배씨 임연재종택도 그러했다.

고려 말에 전래된 성리학은 16세기가 되면서 학문적 체계가 갖추어졌고, 이후 조선 사회를 전반적으로 지배하게 되었다. 성리학의 이념은 건축에도 영향을 미쳐, 사대부 가옥은 『주자가례朱子家禮』를 실천하기 위한 공간이 되어야 했다. 따라서 조선 전기에는 '누운日자' 형태의 건물이 대세였다. 현존하는 '누운日자' 형태의 주택은 16세기 중반에 건립된 경주 양동마을의 향단香壇이 대표적이다. 조선 후기에 접어들어 'ㅁ자형' 가옥이 건축되면서, '누운日자' 형태의 건물은 점차 사라졌다.

조선 전기 '누운日자' 형태 건물의 공통적 특징은 4가지로 요약될 수 있다. 핵심적인 특징은 중당(정침)의 배치 방식이다. 중당을 주택의 중심부에 남북축으로 배치하고 이 건물의 상·하단에 좌우로 낭무를 연결해서 공간을 확장하였다. 또 다른 특징은 중당을 기준으로 남성과 여성의 영역을 분리시키고, 중당을 남녀 가족구성원의 공용 공간으로 활용한 점이다. 이로써 내정을 둘

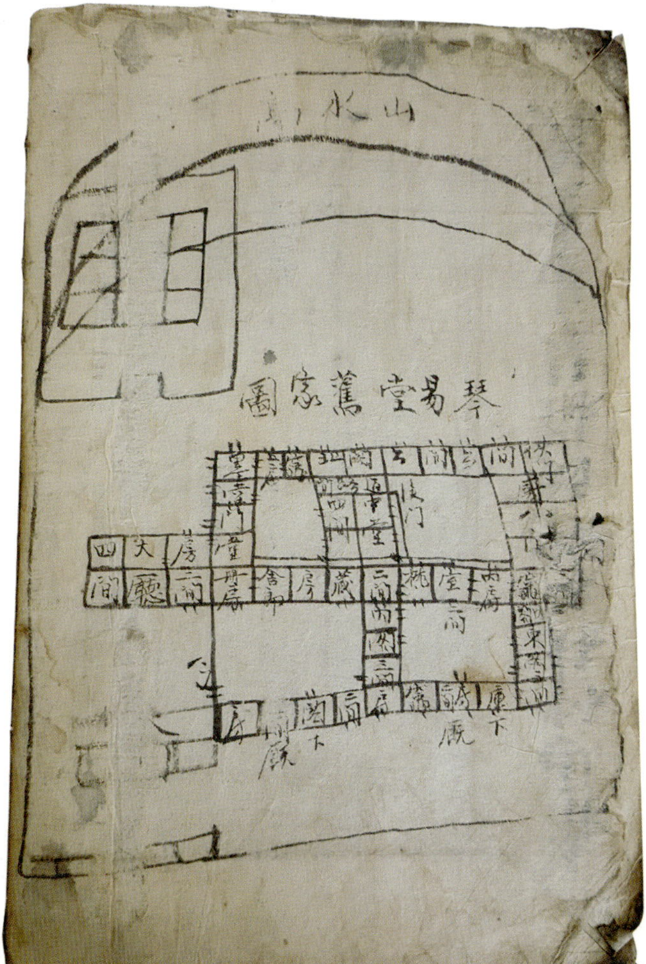

「금역당구가도」

러싼 'ㅁ자형' 평면이 중당 좌우에 각각 형성된 것도 하나의 특징이다. 따로 'ㅁ자형'으로 구획된 여성의 전용 공간은 외부로부터 차단될 수 있었다. 또 한 가지 특징은 '사랑'과 '대청'이 별도의 개념으로 구분되어, 사랑은 규모가 작고 부수적인 공간이었다는 점이다.

조선시대는 주자의 영향이 막강했던 시대여서 주자의 일거수일투족은 그대로 조선에 영향을 미쳤다. 『주자연보朱子年譜』에 주자가 "정침에서 사망했다.", "중당으로 옮긴 당일에 사망했다."라고 기록되어 있는데, 조선 초기와 중기에 걸쳐 양반가의 주택은 이 표현에 따라 건립되기에 이르렀다. 중당이란 명칭과 공간의 위치까지 표기되어 있는 조선 중기의 주택 평면도로서 유일한 예가 「금역당구가도」이다. 이 평면도는 종손 배찬일의 9대조 배집이 종택을 대대적으로 개축하기 직전의 종택 구조로 추정된다.

「금역당구가도」에서 부엌을 뜻하는 주廚와 조竈를 통해서도 건축 시기를 추정할 수 있다. 부엌을 뜻하는 주廚가 독립적으로 있는 것은 온돌이 보편화되기 전이라는 말이다. 조竈는 온돌 아궁이에 부뚜막을 설치하여 취사용으로 사용한 것을 말한다. 부엌 또는 부뚜막으로 해석할 수 있는 3곳의 조竈는 모두 독립된 칸에 표기되어 있고, 방과 연접되어 있다. 조선 전기에는 온돌이 광범하게 보급되지 않았으나, 임진왜란 후 급격히 확산되었다. 따라서 조선 후기에는 아궁이의 위치가 곧 부엌의 위치라 할 정도로 온돌이 널리 보급되었다. 「금역당구가도」는 처음 종택을 지을 때의 모습에 임진왜란 이후의 모습이 가미된 형태인 것이다.

「금역당구가도」의 또 다른 특징은 중심 건물의 위치와 방향이다. 조선 후기 영남의 보편적인 주택인 'ㅁ자형' 주택에서는 상단에 동서축으로 몸채를 배치하고, 하단에 남북축의 좌우 익랑과 이들 익랑의 양단을 잇는 동서축에 행랑을 배치한다. 그러나 임연재종택은 상단에 중심 건물인 중당을 남북축으로 놓고, 중당의 남단과 북단에 각기 동서축에 낭무를 연결해 공간을 확장시켰다. 결과적으로 상단의 평면은 중당의 좌우 양쪽에 내정을 갖춘 '누운日자형'이 되었다.

서쪽에는 4칸의 대청과 2칸의 방이 돌출되어 있다. '누운日자형' 하단 동쪽에는 남북축의 낭무를 동서로 평행하게 배치하고, 낭무의 양단을 다시 동서축의 낭무로 연결하여 별도의 'ㅁ'자형이 되었다. 하단 서축의 낭무는 서쪽으로 4칸 연장시키고, 대청 건물 사이에 담을 쌓아 다시 별도의 내정을 만들었다. 그 결과 종택의 구가는 4개의 내정과 돌출된 대청이 있는 형태였다.

옛 종택은 54칸에 이르는 큰 규모였다. 이 중에서 '중당中堂' 건물과 중당 좌측의 '주廚(부엌)', 중당 우측의 '대청大廳' 건물은 단변이 두 칸이어서 오량가로 짐작된다. 이 외에 다른 건물들은 단칸이어서 삼량가로 보인다. 주택의 중심부인 상단 중앙에 남북축으로 배치된 '중당'은 정침에 해당된다. 향단과 동일한 위치에 같은 기능을 하는 통로칸이 있고, '통로칸通路間'이라고 용도가 분명하게 기록되어 있다.

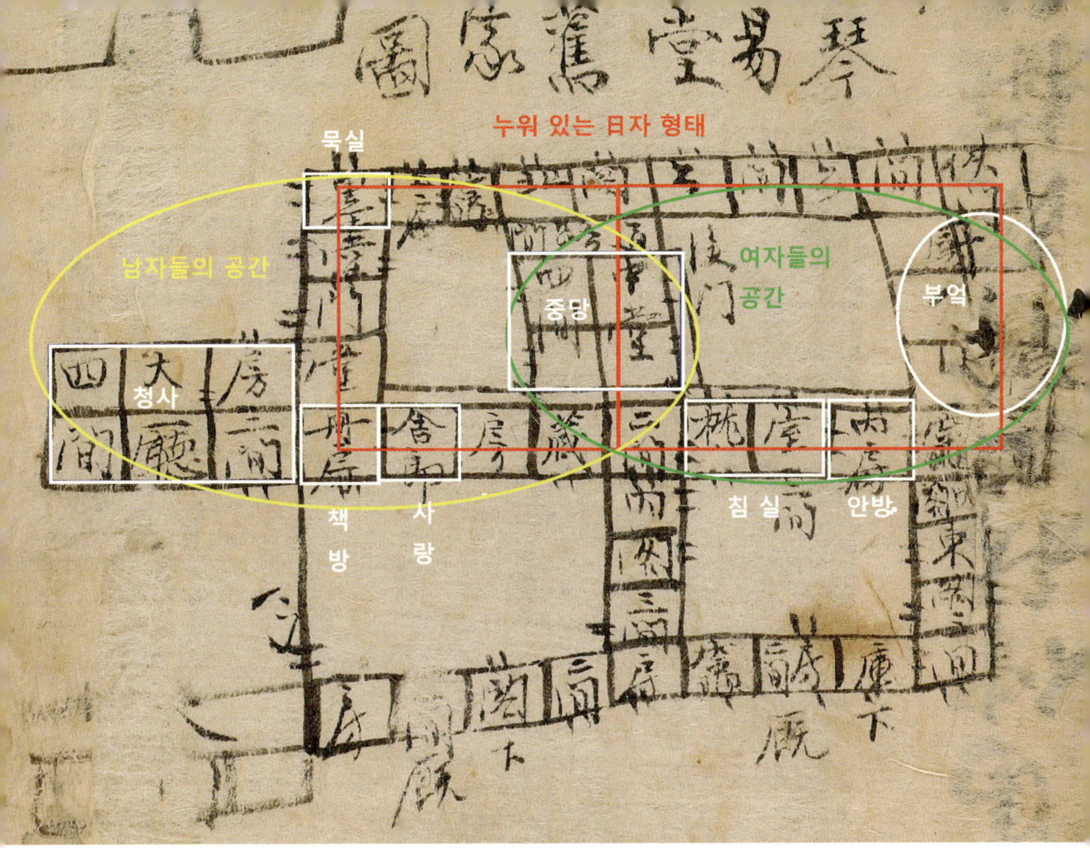

'누운日자형'의 공간 구성(임연재종가 제공)

대청은 제사 때 사당에서 신주를 모셔 와서 제사를 지내고, 관례도 행하고, 혼례 때는 주인이 남자 빈객을 접대하고, 상례 때는 호상이 빈객을 접대하던 장소였다. 중당은 주인이 사망한 장소이자 빈소였고, 여성의 성년식인 계례笄禮를 치른 곳이고, 혼례 때 안손님을 접대하던 장소였다.

중당의 동쪽은 내방內房·실室·주廚·조竈로 표기되어 있어, 외부인의 접근이 통제되는 사적인 공간이며 여성 가족의 공간으로 보인다. 이에 비해 중당 남변의 서쪽 낭무에는 책방冊房·장藏·사랑舍廊·묵실墨室이라 표기되어 있어, 남성 가족과 손님을 위한 공간으로 보인다. 중당은 남성 공간과 여성 공간의 중간지대로서 가족이나 친족관계에 있는 남녀가 함께 사용하던 공간이었다. 하단의 남북축과 동서축의 낭무는 2층 구조였다. 그 가운데 상층의 일부는 고방庫房이고, 하층은 마구간[廐]이었다. 이런 2층 건물은 조선 중기 주택 건축의 한 특징이다.

또 하나 언급하고 싶은 것은 대청과 연접된 방에 책방과 묵실이 있었다는 점이다. 임연재는 당시로서는 많은 서적을 가지고 있었기 때문에 수장할 공간이 필요했을 것이다. 그러므로 남성 공간에 서적을 수장하고, 연접해서 묵실을 두었다. 표현은 묵실이라고 했지만, 실은 문방사우 즉 지·필·묵·연을 수장한 공간이라고 볼 수 있다. 보유하고 있는 필·묵·연은 양이 많아도 공간이 많이 필요하지 않았을 것이나, 종이는 공간을 많이 차지하는 물품이었다.

조선 전기 반가주택의 자취를
간직한 임연재종택

2 개축 후의 임연재종택

임연재종택은 건립 당시에는 대청채와 안채가 일체인 '누운ㅂ자형' 54칸의 큰 규모였으나, 개축된 현재의 종택은 'ㅁ자형' 안채에 '一자형' 대청채를 결합시킨 29칸 규모이다. 월봉이 종택을 대대적으로 개축한 후 변화되어 지금은 다음 페이지에 나오는 그림의 붉은 선 안쪽 부분인 안채와 대청채, 그리고 뒤쪽 별채의 사당만 남아 있다. 방은 온돌이 시설된 폐쇄된 주거용 공간이 되었고, 당은 마루로서 개방된 공용 공간으로 변화되었다.

여기에서 종택을 개축한 시기를 살펴볼 필요가 있다. 종가에는 "월봉 할배 때에 큰 수재가 있어 종택을 개축했다."라는 구전이 있다. 영조 연간에 큰 수재가 있었고, 이때 종택이 수해를 입어

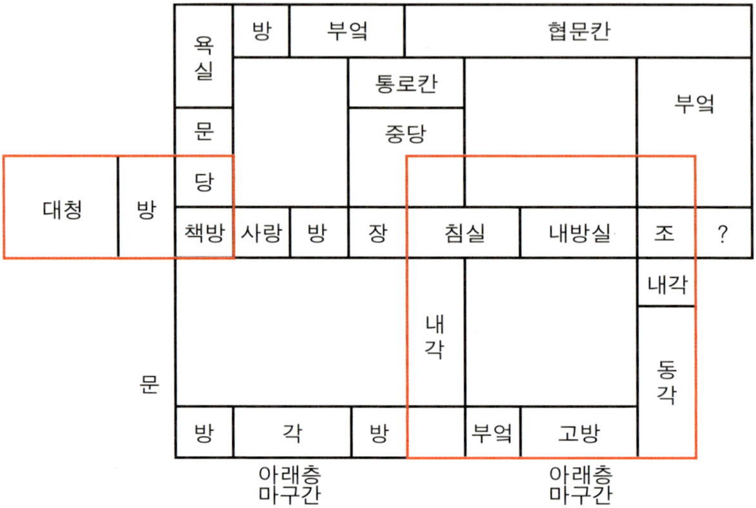

「금역당구가도」 가운데 붉은 선 안쪽이 현존 부분(임연재종가 제공)

개축했다는 것이다. 이 구전을 토대로 실록을 탐색한바, 1724년(경종 4) 6월 2일에 안동과 상주 등지에 큰물이 지고 메뚜기 떼의 피해를 입었다는 기사를 발견할 수 있었다. 짧은 실록 기사지만, 당시 안동 지역에 홍수가 얼마나 극심했는지를 짐작할 수 있다. 이때 수재를 입은 종가에서는 3년 만인 1727년(영조 3) 서목을 개비할 수 있었고, 종택도 얼마간 시간이 지나 개축한 것으로 보인다.

한국국학진흥원에 기탁되어 있는 『상례비요喪禮備要』의 건책乾冊 뒤표지 면지에 「금역당구가도」가 있다. 금역당의 옛집 건물의 도면이라 했으므로, 종택을 개축하기 전의 평면도인 것이다. 이

「금역당구가도」는 대체로 1782년(정조 6) 이후 1812년(순조 12) 이전에 그려졌을 것으로 추정할 수 있다.

「금역당구가도」가 그려져 있는 『상례비요』는 2책이 한 질을 이루고 있으나, 실상은 한 질이 아니다. 지질·규격·장정 형태가 다른 것으로 보아, 두 책은 인출 시기가 서로 다르다. 건책乾冊의 앞 면지에는 "을축년 여름 영리인 권운룡 즉 동탄에게서 얻었음을 책주인은 기록한다.[乙丑夏得於營吏權運龍東灘主人志]"란 기록이 있고, 일정한 간격을 두고 "동탄은 곧 춘포이다.[東灘即春圃]"란 기록이 있다. 또 뒤표지와 면지가 붙어 있는 정상적인 책이라면 배접지와 접혀 있는 표지 부분은 볼 수 없다. 하지만 면지가 표지와 분리된 상태여서 노출된 표지가 안으로 접힌 곳에 "병오년 8월 상순 개장해서 금역당에 수장한다.[赤馬仲秋上澣改粧琴易堂藏]"란 기록이 있다. 그리고 금역당이란 장서인이 검인되어 있다.

한편 곤책坤冊의 앞 면지에는 "계유년(1813) 국화꽃 피는 9월 화산(안동)시에서 사서 금역당에 수장한다.[癸酉菊月買得於華山市藏于琴易堂]"라고 기록되어 있다. 권말에는 "1812년(순조 12) 여름 영영에서 개간하다.[崇禎四壬申夏嶺營改刊]"란 간기가 있다. 따라서 상하책의 기록을 통해서, 낙질이 된 책을 내용상 완질을 만들기 위해 곤책을 사서 한 질을 만든 것임을 알 수 있다.

『상례비요』는 조선 후기에 세 차례 경상감영에서 복각하였다. 각각 "숭정삼임인추영영개간(崇禎三壬寅秋嶺營改刊)", "숭정사임신하영영개간(崇禎四壬申夏嶺營改刊)", "숭정사무신춘영영개간(崇禎四戊申

春嶺營改刊)"이란 간기가 있다. 간기를 통해 『상례비요』는 경상감영에서 1782년(정조 6), 1812년(순조 12), 1848년(헌종 14) 각각 간행된 것을 알 수 있다. 따라서 건책은 1782년(정조 6) 인본으로 완질이 되지 못해, 1812년(순조 12) 인본의 곤책으로 채워 한 질을 만든 것으로 보인다. 그러나 이 건책은 세 차례 간행된 영영판보다 앞설 가능성을 배제할 수는 없다. 경종 4년(1724) 6월에 홍수가 난 후 집을 개축했는데, 옛집의 모습을 근 60년 뒤에 그렸다는 것은 이해되지 않을 수 있다. 따라서 영영판 이전에 간행한 목판본이 있었을 가능성도 부인할 수 없다. 따라서 건책은 홍수와 근접한 시기에 인출되었고, 홍수 이전의 종택을 본 사람이 「금역당구가도」를 그렸다고 하겠다. 그러면 「금역당구가도」가 작성된 시기는 을축년 영조 21년(1745)보다 앞설 것으로 추정할 수 있다. 정성 들여 작성한 평면도는 아니지만 칸의 구획, 공간의 용도, 창호의 위치, 쪽마루, 사당과 산수정의 위치가 표시되어 있다.

현재의 임연재종택의 전체적인 모습은 조선 후기 경북 지역에서 흔히 볼 수 있는 'ㅁ자형'이라 할 수 있다. 증참판공이 1558년(명종 13)에 도목촌으로 이주해 창건한 당시와는 다른 형태로 개축된 것이다. 현재 사당은 정면 3칸·측면 2칸의 맞배지붕이며, 좌우에 풍판을 단 건물이다. 사당 남측 3칸은 노출된 당堂의 형태이고, 북측 3칸은 판방 구조의 감실龕室이다. 종택의 안채는 'ㅁ자형'으로 상단의 5량가 팔작지붕의 몸체이며, 이층의 동서익랑과 행랑이 연접되어 있다. 대청채는 별동의 정면 4칸, 측면 2칸의 팔

복층 구조(영남문화연구원 제공)

영쌍창. 하나는 열려 있고 하나는 닫혀 있다.(영남문화연구원 제공)

연귀맞춤한 독립창호(상)와 장부맞춤한 창호(하)(영남문화연구원 제공)

작지붕 건물인데, 서측 4칸은 대청이고, 동측 3칸은 온돌방, 1칸은 판방(마루방)이다.

종택에는 조선 전기 건축물의 특징인 복층 구조, 영쌍창靈雙窓, 연귀[燕口]맞춤 창호, 독립창호가 다 남아 있다. 복층은 이층을 말한다. 영쌍창은 양쪽으로 문을 여닫을 수 있도록 중앙에 문설주를 넣어 만든 커다란 창호이다. 연귀맞춤은 문틀의 세로부재와 가로부재가 만나는 부분을 대각선으로 연결시킨 방식이다. 위 사진에는 창이 2개 있는데, 위의 창은 연귀맞춤한 독립창호이고, 아래는 보와 기둥에 부착된 장부맞춤한 창호이다. 독립창호는 외관상 창틀이 별다른 지지대 없이 벽에 액자처럼 걸려 있는 창호이다. 실제로는 창호를 지탱하는 구조물이 벽 속에 숨어 있다. 독립창호는 조선 전기 건축물임을 보여 주는 결정적 증거라고 한다. 장부맞춤은 서로 교차하는 두 부재를 접합할 때, 한 부재에는 장부를 내고 다른 부재에는 장부구멍을 파서 끼워서 맞춘 것이다.

임연재종택은 조선 전기에 건축되었으므로 그 시대의 건축 양식이 남아 있는 데다, 이후 개축되면서 개축의 흔적 및 개축 후 시대의 양식까지도 모두 남아 있다. 조선 전기와 중기 상류주택의 형태를 보여 주는 건물이어서, 문화재로서 가치가 매우 높다 하겠다.

도목의 종택은 낙동강변 산자락 끝에 있었고, 지형은 남향의 경사지대였다. 송천으로 이건할 때도 도목과 같은 지형의 터를 찾아서 지었다. 지금의 남향한 종택 뒤편의 높은 곳에는 사당이 있고, 안채와 대청채도 대문에서부터 계단식으로 배치되어 있다. 공간마다 쓰임새가 각각인데, 종손은 『배려와 예의 공간, 종택』에서 "종택의 공간에는 수많은 배려가 스며 있다."라고 했다. 남녀유별을 철저하게 지키던 시대에 건축된 종택에는 집안의 여자들과 외부의 남자들을 동시에 고려한 배려의 문화가 담겨 있는 것이다. 배려의 문화가 담겨 있는 이 종택에 종손은 '백죽고택 작은 도서관'을 꾸몄다. 개축된 이후 뒷방으로 옮겨진 고택의 책방을 작은도서관의 서고로 이용한 것이다.

제 7 장

종손·종부로 살아가기

종손·종부로
살아가기

1 새로운 터전을 닦은 21대 종손 배재진

현대는 종손과 종부로 살기가 매우 어려운 시대이다. 조선시대는 사대부의 경우 오로지 충효에만 전념하면 되는 사회였다면, 현대는 충효란 절대가치는 밀려나고, 일반시민으로서 생업에 종사하는 것이 우선인 사회가 되었다. 따라서 종손·종부는커녕 부모 또는 자녀로 살기에도 버거운 시대가 되었다. 이런 시대를 살아가는 임연재종가의 종손과 종부의 삶을 살짝 들여다보았다.

종래 종가는 가문 내부적으로는 조상 전래의 터전을 지키면서 가문의 상징적 존재로 각종 의례를 집행하는 중심이었고, 외부적으로는 가문을 대표하여 지역사회의 공론 형성에 주도적인 역할을 하였다. 하지만 현대의 종손은 현대인의 일상적 삶을 살면서,

한편으로는 종손으로서의 삶을 살아야 한다. 임연재종가의 종손도 여느 사람과 마찬가지로 일상적인 삶을 살면서, 1년에 10번이 넘는 제사를 모시고 수십 위의 봉분을 관리하는 삶을 살고 있다.

흥해배씨는 손세가 번성하지 못해 다른 성씨에 비해 인구가 현저하게 적은 편이다. 지금의 종손도 사실상 5대 독자로 내려왔다. 안동 입향조 백죽당으로부터 19대 종손이자, 현 종손의 증조부인 배한근裵漢根은 내앞[川前] 벽계라는 곳에서 시집온 의성김씨 김희락金希洛의 따님과의 사이에 두 아들 배성환裵誠煥과 배덕환裵德煥, 그리고 딸 하나를 두었다. 딸은 농암종가의 종손 이용구李龍九에게 출가했다. 큰아들 배성환은 지금 종손의 조부인데, 실제로는 종손의 큰조부이다.

큰아들 배성환은 도산 의인의 진성이씨 이만李晩의 따님에게 장가들어 딸만 둘을 낳았고, 둘째 아들 배덕환도 맏이로 딸을 낳았다고 한다. 상당한 여장부였던 어머니 의성김씨의 성화로 배성환은 두 번째 부인을 맞이했다. 이후 아우 배덕환이 아들 배재진을 낳았는데, 양자에 대한 아무런 논의도 없이 배성환이 배재진을 자신의 아들로 출생신고를 했고, 친부인 배덕환도 자기 아들로 출생신고를 했다고 한다. 배재진은 호적을 옮긴 입양이 아니고, 태어나자마자 백씨한테 입적된 것이다. 군대에 가기 전까지 호적상 2명의 배재진이 존재하였다고 한다. 배성환은 일제치하 말부터 사회주의에 심취해 있었고, 6·25전쟁이 일어나자 두 번째 부인과 그 자식들을 데리고 월북했다. 배성환의 첫째 딸은 임청

각의 종손 이도증李道曾(석주 이상룡의 증손자)에게 출가했다.

배성환이 월북한 후 종손의 일은 자연히 동생 배덕환의 몫이 되었다. 배덕환은 배재진을 잘 양육해 종통을 잇게 하였다. 백죽당의 21대 종손이자 임연재의 14대 종손 배재진裵在溱(1933-2015)의 초명은 기영基永, 자는 대원大遠이다. 배재진은 안동에서 국민학교를 잠시 다니다가, 강원도 주문진을 거쳐 제천 동명국민학교와 봉화중학교를 졸업하였다. 다시 대구로 나와 영남고등학교를 다녔다.

종손 가족은 굴곡진 근현대사를 넘어오는 시간 동안 도목·제천·주문진 등을 거쳐, 선대의 터전이었던 봉화 유록마을로 들어가 광복 직후까지 살았다. 배재진은 6·25전쟁 후 양부인 백부가 없는 상태에서 조부모, 양모, 친부모를 봉양하며 살았다. 30세에 5세 연하의 밀양박씨 송당松堂 박영朴英의 종손과 재종간인 박명옥(1938-2014)과 혼인하였다.

배재진은 아들 셋을 두었는데, 위로 두 아들은 청년이 되기 전에 유명을 달리했다. 배재진은 그 사무친 한으로 너무 외로웠을 테지만, 내색을 전혀 하지 않았다고 한다. 속으로 삭이다 보니 성격이 과묵해졌다. 또 당시는 국가보안법이 사람들을 옥죄는 그런 시대였다. 더구나 집안에 북한에 부역했거나 월북한 사람이 있다면 끊임없는 사찰 대상이었다. 집안에 월북자가 있으면 말을 하지 않는 것이 집안을 지키는 길이었다. 말이 곧 화근이 되니 과묵해질 수밖에 없었을 것이다.

21대 종손 배재진과 종부 박명옥(임연재종가 제공)

420여 년 터전을 수장시키고 종택을 이건할 때, 새로운 터전을 마련해 이주하느라 노심초사했단다. 새로운 종택을 지을 적당한 장소를 찾아야 했고, 이건과 관련해 해야 할 여러 일로 분주했을 것으로 보인다. 다행히 종인들과 함께 터를 살펴보고 송천으로 이전하였으니, 그 수고로움은 말할 것도 없을 것이다. 종택을 이건할 때 지손들과 함께 서까래를 지고 날랐으며, 종택을 이건한 후에는 지손들과 십시일반 돈을 모아 담장을 치고, 주변의 땅을 사서 진입로도 개설해서 오늘의 종택 모습을 갖추게 하였다.

그러나 국가 정책으로 인해 400년 터전이 '수국水國'이 되어 버려 돌아갈 고향이 없다는 생각에, 허허로운 마음을 달랠 길이 없었던 것으로 보인다. 그래서 자주 '실향민'이라 칭하며, "이북에 고향을 둔 사람들은 통일이 되면 갈 수 있지만, 우리는 영원히 고향에 갈 수 없다."라고 탄식했다고 한다.

평소에 아들에게 예의와 염치를 알고 근검절약하며 학문을 닦으라는 말을 기회 있을 때마다 하였다고 한다. 종손은 아버님이 생전에 하신 말씀 가운데 가장 기억에 남는 말이 "바르게 처신하라."는 말이라고 한다. 특히나 창호에 한지를 바를 때 걱정을 많이 들었다고 한다. 창호는 혼자서는 바를 수 없고 둘이 서로 맞잡아야 바를 수 있기에, 당신이 죽고 나면 혼자 발라야 하니 똑바로 배워야 된다는 것이었다. 이는 종손이 혼자서 모든 일을 할 수 없고, 종이를 맞잡아 제자리를 잡듯 종인들과 협력해서 일을 해야 하므로 매사 문종이를 바르듯이 행동해야 한다는 말씀이었다. 이걸 생각하면 종손은 지금도 마음이 짠하다고 한다. 또 제례나 의례의 예법에 대해서는 혹독하게 꾸지람을 들으면서 배웠다고 한다.

종부 밀양박씨는 내성적이시고, 남한테 싫은 소리 못 하시고, 당시의 여성들과 마찬가지로 순종하는 삶을 살았다고 한다. 더구나 자식을 둘이나 앞세웠으니 마음에 늘 아픈 상처를 안고 사셨던 분이다. 전쟁 직후라 가난한 살림에, 살아가는 게 정말 녹록지 않았을 테지만, 조모·양모·친모까지 할머니 세 분을 봉양하는 데 조금도 어긋남이 없이 세심하게 살폈다고 한다.

종손·종부로
살아가기

2 전통을 현대적으로 계승하고 있는 22대 종손 배찬일

현재 백죽당의 22대 종손이자 임연재의 15대 종손인 배찬일裵贊鎰은 종손 가족이 제천, 주문진, 영주 등지를 유랑한 후 광복 직후부터 정착해 살던 봉화 유록(봉화읍 석평리)에서 1970년 봄에 셋째 아들이자 막내로 태어났다. 자는 중명重明이다. 종손이 다섯 살 때인 1974년에 발간된 족보에는 하나뿐인 아들을 백씨에게 양자로 보내고, 후사가 없는 생가 조부의 양손으로 입적되어 있었으나, 위로 형 둘이 유명을 달리한 후 발간된 1992년 족보에는 '환입승종還入承宗', 즉 돌아와 종통을 이었다고 기재되어 있다. 배찬일은 막내로 태어났으나, 맏이가 되고 종손이 된 것이다. 부친이 백부에게 양자로 가지 않았다면, 또 위로 형들이 생존해 있다면 종손 자리는 현 종손의 몫이 아니었다. 이렇듯 그에게 종손이라는 자리는 두 번씩이나 엇갈린 운명으로 다가온 것이었다.

종손 배찬일은 막내로 태어나 막내의 품성을 지녔을 것인데, 사춘기를 지나면서 차종손이 되어 종손의 품성을 받아들여야 했으므로, 방황도 많이 했고 의식적으로는 도망가고 싶었다고 한다. 그러나 가문 혹은 가족들의 기대를 저버릴 수 없어서 겉으로는 의연한 척했지만, 마음속으로는 앞으로의 삶에 대한 고민과 세상에 대한 원망으로 한동안 방황했었다고 한다. 젊은 나이에 내색할 수 없는 갈등과 방황은 무척 힘든 경험이었을 것이라 짐작하지만, 그 고통은 온전히 혼자의 몫이었다.

고등학교 다닐 때 두 형의 연이은 사망으로 공부에 몰두할 수 없었다고 한다. 방황하느라 학업에 집중하지 못해 삼수를 해서 대학에 진학하였고, 이어 군복무도 마쳤다. 군복무 후 진로에 대한 고민으로 방황하면서도 종택을 지키며 살기 위해서는 비교적 자유로운 직종인 전문직을 선택해야 한다는 결론에 이르렀다. 종손으로서 종택을 지키고 살아야 한다는 생각과, 여러 곳을 돌아다니기를 좋아하는 자신의 성격에 가장 잘 어울린다고 생각해서 지금의 직업인 감정평가사가 되기로 마음먹은 것이다.

군대를 제대하고 21살 때부터 시작한 감정평가사 공부는 시행착오, 수없는 낙방과 좌절, 재도전을 반복한 결과 서른이 되어서야 결실을 거둘 수 있었다. 종손은 자신이 이제껏 한 일 가운데 잘한 일이 감정평가사가 된 것이고, 또 고난의 수험기간을

22대 종손 배찬일과 종부 윤영주(임연재종가 제공)

잘 견뎌 낸 것이라고 한다. 종손으로 살지 않아도 되었다면, 10년 동안 시험 공부에 매달리지도 않았을 것이라는 그는 합격하던 날 혼자서 백죽당 할배의 산소에 다녀왔다고 한다. 정체성의 혼란으로 방황하던 시절 그토록 도망치고 싶었던 것이 종손이라는 자리였건만, 역설적으로 가장 먼저 조상을 찾아뵌 것이다. 시험 공부하느라 20대 청춘을 모두 바쳤지만, 시험을 준비하며 많은 경험을 하였고 인생 공부도 겸했으므로, 결코 헛되이 보낸 시간은 아니라고 종손은 술회하였다.

직업을 갖는 데 10년을 보내고 말았으니 어른들은 매우 조급해했다고 한다. 배필을 만나 가정을 꾸리는 일이 많이 미루어졌으니 그럴 만도 했다. 종손이라는 특성상 배필을 만나는 일이 쉽지 않았으나, 지인의 소개로 현재의 종부를 만났다. 종부는 파평윤씨로, 대구 출신의 윤영주尹榮珠(1974년생)이다. 종부는 전혀 다른 문화와 환경에 적응하느라 처음에는 힘들었지만, 자신의 운명을 받아들이려고 노력하여 지금은 임연재종가의 어엿한 종부이다. 종부는 대구교육대학교를 졸업하였고, 안동의 초등학교에서 교편을 잡고 있다.

종손의 고조부는 독자가 아니었으나 6·25전쟁 통에 계씨는 무후가 되었고, 증조부가 독자였으며, 양조부가 둘째 할머니와의 사이에 난 숙부들을 데리고 월북해서 아버지도 독자가 되었으니, 종손은 실제적으로 5대 독자이다. 종손은 슬하에 아들 둘을 두고 있다. 첫째는 배성준裵晟浚(2005년생), 둘째는 배용준裵庸浚(2012년생)이다. 첫째가 태어났을 때는 대를 이을 수 있어서 기뻤고, 둘째가 태어났을 때는 종손까지 5대째 이어 온 독자의 흐름이 끊어져서 다행이라는 생각에 기뻤다고 한다.

종손은 2018년부터 영종회嶺宗會의 총무간사로 활동하고 있다. 영종회는 대구경북 지역의 불천위 봉사손들의 모임이다. 처음 종손에게 총무간사의 제의가 왔을 때, 나이가 아직 젊다고 사양했으나, 여러 종손 어른들의 거듭된 권유로 맡게 되었다고 한다. 안동에서 개인사업을 하고 있고, 나이가 젊어 상대적으로 시간이 조금 더 여유로우며, 또 컴퓨터를 다루는 것도 훨씬 수월하니 봉사하고 배운다는 마음으로 나름대로 열심히 하고 있다고 한다.

2012년 3월에 창립한 영종회는 매년 정기적인 모임을 가지면서 공통의 관심사에 대한 의견을 나누고, 회원들의 문중행사에 서로 왕래하고, 회원 간의 친목을 도모하기도 하며, 매년 경상북도가 주최하는 종가포럼을 후원하기도 한다.

3 가풍 계승을 위한 노력

종손으로서 가장 어려웠던 때는 종손이 되던 순간이었다고 한다. 양친을 떠나보내는 순간이 힘들었기 때문이다. 종손이 된 이후 종손으로서의 가장 큰 역할인 봉제사접빈객奉祭祀接賓客을 실천하고 있다. 동시에 현대에 과연 종가란 무엇이며, 이걸 왜 지켜야 하는가? 남들이 물었을 때나 내 아이한테 뭐라고 대답하고 설명을 해야 하나? 종가는 우리 문화유산의 한 모퉁이라면, 종가는 현 시대를 살고 있는 사람들이 보편적으로 느낄 수 있고 지켜 가야 할 가치가 있는 것인가? 제사 지내고 묘소를 돌보는 것이 과연 지켜 가야 할 보편적인 가치인가? 이에 대한 고민이 없을 수가 없었다고 한다.

사실 제사나 족보는 신분제 사회에서 지배계층이 그 지위를 공고화하기 위해 마련한 제도의 하나였다. 지금은 시대가 바뀌어 만민평등사회가 되었는데, 여전히 옛것만 붙들고 있어야 하나? 이러고 있다가 시대에 뒤떨어지는 것은 아닌가? 더구나 미래는 정말 무한경쟁 시대가 될 텐데, 과연 종가만 붙들고 살 수 있을 것인가? 종가는 지금 우리 삶에서 과연 어떤 존재인가? 이런 고민에 맞닥뜨렸을 때 막상 정의를 내리지 못하고 있단다. 종손은 앞으로도 이러한 물음에 대한 대답을 얻기 위해 많은 시간을 고민해 볼 것이라고 한다.

조선시대에는 제사 지내는 게 사족의 당연한 의무이자 권리였지만, 앞으로의 시대에는 4대 봉사를 하지 않을 것으로 전망된다. 그러나 종손은 불천위 제사만은 끝까지 계승해야 한다고 보고 있다. 불천위 제례는 무형의 문화유산이기 때문이다. 또 황해도 임지에서 정무를 처리하지 못할 정도로 병이 깊어, 일기에 '부좌不坐'라고 기록할 정도로 투철한 목민관이었던 임연재에 대해, 가문이 존재하는 한 기억해야 할 것이므로 제사의 형식과 규모는 다소 간소화하더라도 그 의미는 오래도록 유지할 것이라고 말한다.

종손은 같은 시대를 살아가는 사람들에게 종가문화와 종택에 대해 쉽게 설명하고, 또 그것을 공유할 방법이 없을까 고민하다가 종가 관련 책을 집필하고 '작은도서관'을 만들었다. 종손이 쓴 책은 『배려와 예의 공간, 종택』이다. 이 책을 들고서 종택을 둘러보면 고건축물에 대해 보다 쉽게 다가설 수 있을 것이라 생각한 것이다. 또 2015년에 종택 안채를 보수하면서, 보수 공사 진행 과정을 기록으로 남겨야겠다는 생각도 있었다고 한다.

종손은 2014년 모친을 여의고 난 후 홀로 남은 거동이 불편한 부친을 조금 더 편하게 모시기 위해 종택 앞에 현대식으로 새로운 종택 공사를 급히 시작했으나 부친은 완공된 집에 들어와 보지 못한 채 이듬해 초여름에 운명하셨다. 이렇게 새로운 종택을 건립하고 나니, 제사를 지내거나 문중행사가 있는 날을 제외하고는 종택이 비게 되었다. 종손은 이 비어 있는 종택을 어떻게 하면 더 효율적으로 이용할 수 있을까 고민했다고 한다. 전통적으로 가정은 교육의 장으로서 중요한 기능을 하였으나, 현재는 학교는 물론 가정까지도 인성교육 기능이 마비되거나 대처할 수 없는 시대에 이르렀다. 즉 자기 스스로 교육해야 하는 시대에 이르러, 종손은 여러 생각 끝에 종택을 전통문화의 체험 장소로 제공하기로 하였다.

또 가문의 자녀 교육뿐만 아니라, 나아가 지역사회 주민의 교육에도 보탬이 되고자, 책을 사랑했던 장서지가의 정신을 이어 작은도서관을 만들었다. 고서적과 고문서를 한국국학진흥원에 기탁하고 비게 된 책방을 중심으로 서재를 꾸며서 사립의 작은도서관을 운영하고 있는데, 이는 책을 통해 사람들과 교류하려 했던 선대의 전통을 잇고자 하는 뜻이다. 요즘 사람들이 부담 없이 읽을 수 있는 문학, 과학, 역사, 예술 등 다양한 장르의 책을 구비하고 있다.

도서관에 너무 많은 사람들이 오면 감당하지 못할 듯해서 광고는 하지 않고 안내판만 달았는데, 날씨가 좋은 날이면 사람들이 책을 보러 온다고 한다. 종손은 책방, 대청마루, 그리고 정원의 의자에서 책을 읽는 사람들을 보면, 도서관을 만든 보람을 느낀단다. 생업에 매인 몸이어서 당분간은 지금처럼 그냥 사람들이 와서 책을 읽을 수 있게 하고, 나중에 은퇴해서 시간이 나면 책과 도서관을 이용한 다양한 프로그램을 운영할 생각이라고 한다. 종손이 바뀌고 나서도 도서관이 계속 운영되기를 바라는 마음에서, 이는 차종손이 감당할 수 있는 범위 내로 한정할 계획이다. 후세대에 대한 배려인 것이다.

가문이 만세에 번영하려면 종손이 탄탄해야 함은 물론이다. 종손은 자녀 교육도 소홀히 하지 않고 있다. 그렇다고 강요하는 것은 아니고, 자신의 소질을 잘 파악하고 길러 자신의 길을 개척해 나가길 바라는 것이다. 다만 종손으로서의 자질도 갖추어야 하므로 이 점에 더 관심을 두고 있단다. 종손은 '교육이란 결국은 견문'이라고 생각하기에 차종손을 제사에 늘 참여하게 해 보여 주고, 시사 지내러 갈 때 계속 데리고 다니고 있다. 기제사를 지낼 때도 틈틈이 조금씩 예법들을 가르치고 있다. 낙수가 처마 밑의 큰 돌에 구멍을 내는 것과 같이, 조금씩 조금씩 스며들기를 바라는 마음에서다.

종손은 지금까지 종가가 600년을 이어 왔듯이, 앞으로도 시

차종손과 고종사촌 아이들이 함께한 '백죽고택 작은도서관' 개관 기념 등행.
좌측이 차종손, 우측이 종손(임연재종가 제공)

대에 맞게끔 적응해 가면서 천년만년 가문을 이어 가기를 바라고 있다. 그러한 생각에서, 아들에게 인생의 고비가 찾아왔을 때, 주변의 유혹에 흔들리지 않도록 정신적으로는 올바른 가치관을 가져야 하고, 그런 시절을 견딜 수 있는 육체적인 건강도 중요하다고 생각해 차종손인 큰아들이 초등학교 3학년 때부터 같이 백두대간 등산을 다녔다고 한다. 새벽 두세 시쯤 출발해서 하루 종일 걷고, 깜깜한 밤에 하산한 적도 있었다고 한다. 아들이 살면서 위기가 닥쳤을 때 중간에 포기하고 싶은 생각이 들더라도, 아버지와 함께 백두대간을 걸었을 때처럼 힘든 고비를 헤쳐 나가길 바라는 마음이 있는 것이다. 종손은 차종손이 이렇게 전통을 이어 가기를 바라면서도, 종손 가족이 행복한 삶을 살 수 있는 범위 내에서 종가가 유지되었으면 하는 바람을 갖고 있다.

필자는 이 책을 쓰려고 자료를 수집하는 동안 종가에는 종손이 쓴 책의 서명처럼 여러 가지 배려가 많이 스며 있다는 생각을 했다. 사람들이 종가문화와 고건축물에 대해 쉽게 다가서도록 하기 위해 종손이 책을 쓴 것, 한 가문의 문화유산을 넘어 우리 시대의 문화유산인 문화재에 도서관을 만들어 사람들이 책과 문화재에 친숙해지도록 한 것, 지손들이 최대한 생업에 지장을 덜 받으면서도 전통을 이으며 제례라는 문화에 더 많이 참여할 수 있도록 제례 날짜나 시간을 조정한 것 등등에서 배려라는 단어를 많이 떠올릴 수 있었다.

또한 목민관의 애민정신은 곧 베푸는 삶이라 할 수 있는데, 종가의 작은도서관에서 책을 보는 사람들을 보면서 뿌듯함을 느끼는 것이 곧 베푸는 삶을 실천하는 것이다. 종손은 앞으로도 베푸는 삶을 살고자 노력할 것이다. 이처럼 베푸는 삶을 즐거움으로 여기면서 시대 변화에 대응한다면 틀림없이 후대에도 오래오래 전통이 견지될 것이다.

최근 경제 발전에 수반하여 전통문화와 종가문화에 대한 관심이 고조되고 있다. 이에 따라 경상북도에서도 정책적으로 종가문화 계승을 위한 사업을 지원하고 있어, 큰 힘을 얻고 있는 요즘이다. 이에 발맞추어 종택에서는 작은도서관을 통해 종가의 자녀뿐만 아니라 가문의 자녀, 나아가 지역사회 주민의 교육에 보탬이 되고자 애쓰고 있으며, 이 도서관을 통해 백죽당의 절의節義정신과 임연재의 애민愛民정신이 확산되기를 기대하고 있다.

참고문헌

姜斅錫,『典故大方』(京城: 漢陽書院, 1924)

『曲江裵氏世譜』. 筆寫本. [顯宗 10(1669)]

具鳳齡,『栢潭先生文集』. 木版本. (安東: 東岡書堂, 1934)

權紀,『永嘉誌』. 木板本. [光武 3(1899)]

權斗經,『陶山及門諸賢錄』. 木版本. [刊年未詳]

權好文,『松巖先生續集』. 木板本. [刊年未詳]

『忌日板』. 木版. [顯宗 6(1665)頃]

吉再,『冶隱先生言行拾遺』. 木版本. [英祖 43(1767)]

金富軾,『三國史記』. 顯宗實錄字. [英祖 36(1760)]

金應祖,『鶴沙先生文集』. 木板本. [英祖 52(1776)]

金長生,『喪禮備要』. 木板本. [嶺營, 純祖 12(1812)] 한국국학진흥원 수장본.

『萬曆十六年戊子九月初一日全羅道全州史庫曝曬形止案』. 寫本. [宣祖 21(1588)]

裵東煥,『白渚文集』. 影印本, 학민문화사, 2018.

裵龍吉,『琴易堂先生文集』. 木板本. [刊年未詳]

裵三益,『臨淵齋先生文集』. 木板本. [哲宗 6(1855)序]

裵三益,『册置簿』. 寫本. [宣祖 19(1586)]

裵三益,『黃海道日記』. 筆寫本. [年紀未詳]

裵相說,『槐潭遺稿』. 木板本. [純祖 8(1808)]

『裵氏錄卷』. 木活字本. [刊年未詳]

裵紳,『畏巖秘藏』. 筆寫本. [英祖 3(1727)]

裵河植,『柏竹堂先生實紀』. 木活字本. [1959]

『宣祖實錄』

『世宗實錄』

成思齊, 『杜門洞先生實記』. 木板本. [純祖 9(1809)序]

『新增東國輿地勝覽』. 木板本. [光海君 3(1611)]

吳世昌, 『槿墨』. 影印本, 성균관대학교, 2009.

柳成龍, 『西厓先生文集』. 木板本. [高宗 31(1894)]

柳致明, 『定齋先生文集』. 木板本. [刊寫年未詳]

李肯翊, 『燃藜室記述』. 鉛活字本. (京城: 朝鮮光文會, 1912)

李簠, 『景玉先生遺集』. 木版本. (安東: 陽玉山齋, 1925)

李鍾根, 『朝鮮簪獻寶鑑』. 木活字本. [1914]

李行, 『騎牛先生文集』. 木板本. [高宗 9(1872)]

一然, 『三國遺事』. 木板本. [刊年未詳]

『[陶山書院]前任案』. 筆寫本. [陶山書院, 年紀未詳]

鄭經世, 『愚伏先生文集』. 木板本. [愚山書院, 憲宗 10(1844)]

鄭逑, 『寒岡先生續集』. 木板本. [刊年未詳]

鄭麟趾, 『高麗史』. 木版本. [刊年未詳]

『興海裵氏族譜』, 大譜社, 1992.

김희곤, 『안동 독립운동가 700인』, 안동시, 2001.

배영동·박효진, 『안동지역 종가음식의 조리법과 문화 1』, 안동시, 2015.

배찬일, 『배려와 예의 공간, 종택: 종손과 함께하는 시간여행』, 책방, 2018.

안동대학교 안동문화연구소, 『봉화 닭실마을』, 민속원, 2019.

안동민속박물관 학예연구실, 『안동의 계 1』, 안동민속박물관, 2006.

李謙魯, 『通文館 册房秘話』, 民祐堂, 1987.

청량산박물관 엮음, 『괴담 배상열의 천문과 선기옥형』, 청량산박물관, 2015.

具眥訓, 「朝鮮朝의 藏書印·藏書家 硏究」, 고려대학교 대학원 박사학위논문, 2011.

김미영, 「불천위 제례의 사회문화적 의미와 역할」, 『嶺南學』 30, 경북대학교 영남문화연구원, 2016.

손계영, 「朴世堂의 장서목록 『家藏書籍』 연구」, 『藏書閣』 26, 한국학중앙연구원, 2011.

이병훈, 「16세기 안동지역 재지사족의 성장과 서당 건립 활동」, 『民族文化論叢』 69, 영남대학교 민족문화연구소, 2018.

이종서, 「홍해배씨 종가 琴易堂의 건축과 조선후기의 구조 변화」, 『건축역사연구』 25-4, 한국건축역사학회, 2016.

李泰鎭, 「士林派의 留鄕所 復立運動(下)」, 『震旦學報』 35, 진단학회, 1973.

지은이

배현숙 裵賢淑

경북 안동에서 태어나, 안동에서 고등학교까지 다녔다. 서울에 있는 중앙대학교에서 문헌정보학을 전공하였고, 동 대학의 대학원에서 석사와 박사 학위를 취득하였다. 문학박사 학위논문은 「조선실록의 서지적 연구」이다. 서울대학교 도서관에서 5년간 근무한 후, 대구의 계명문화대학교에서 근무하였고, 현재는 동 대학의 명예교수이다. 서지학회 회장을 역임하였다. 경상북도 문화재위원으로 활동하였으며, 국립중앙도서관의 고서위원과 대구시 문화재위원으로 활동하고 있다. 오대산사고본 실록의 환수 운동에 참여하였고, 조선실록을 국보로 추가 지정하기 위한 문화재청의 조사 활동에도 참여하였다. 또한 경상북도에서 추진한 『삼국유사』 판각사업에도 참여하였다. 현재는 우리나라 문헌의 서지에 관한 연구와 실록과 의궤 등에 대한 강연을 하고 있다. 저서로는 『정보문화사』, 『朝鮮實錄研究序說』 등이 있고, 논문으로는 「尙州 東學敎堂 간행과 수장 서적고」, 「조선조 保存圖書館의 시원과 발전」, 「영남지방 書院藏書의 연원과 성격」 등이 있다.

경북의 종가문화 58

충절과 애민, 장서로
일가를 이룬,

안동 임연재 배삼익 종가

찍은 날 2020년 3월 25일
펴낸 날 2020년 3월 31일

기획 경상북도·경북대학교 영남문화연구원
지은이 배현숙
펴낸이 김상동
펴낸 곳 경북대학교출판부
출판등록 1973년 10월 10일 ㉶97호
주소 대구광역시 북구 대학로 80
전화 053-950-6741~3
팩스 053-953-4692
이메일 press@knu.ac.kr
홈페이지 http://knupress.com

ISBN 978-89-7180-537-4 94900
978-89-7180-534-3 (세트)

정가는 뒤표지에 있습니다. 파본은 바꾸어 드립니다.